HOLOCAUSTO NAZI

Explora los Crímenes contra la Humanidad de una de las Facciones más Crueles de la Historia Moderna

MARSHALL BOWMAN

© Copyright 2022 – Marshall Bowman - Todos los derechos reservados.

Este documento está orientado a proporcionar información exacta y confiable con respecto al tema tratado. La publicación se vende con la idea de que el editor no tiene la obligación de prestar servicios oficialmente autorizados o de otro modo calificados. Si es necesario un consejo legal o profesional, se debe consultar con un individuo practicado en la profesión.

- Tomado de una Declaración de Principios que fue aceptada y aprobada por unanimidad por un Comité del Colegio de Abogados de Estados Unidos y un Comité de Editores y Asociaciones.

De ninguna manera es legal reproducir, duplicar o transmitir cualquier parte de este documento en forma electrónica o impresa.

La grabación de esta publicación está estrictamente prohibida y no se permite el almacenamiento de este documento a menos que cuente con el permiso por escrito del editor. Todos los derechos reservados.

La información provista en este documento es considerada veraz y coherente, en el sentido de que cualquier responsabilidad, en términos de falta de atención o de otro tipo, por el uso o abuso de cualquier política, proceso o dirección contenida en el mismo, es responsabilidad absoluta y exclusiva del lector receptor. Bajo ninguna circunstancia se responsabilizará legalmente al editor por cualquier reparación, daño o pérdida monetaria como consecuencia de la información contenida en este documento, ya sea directa o indirectamente.

Los autores respectivos poseen todos los derechos de autor que no pertenecen al editor.

La información contenida en este documento se ofrece únicamente con fines informativos, y es universal como tal. La presentación de la información se realiza sin contrato y sin ningún tipo de garantía endosada.

El uso de marcas comerciales en este documento carece de consentimiento, y la publicación de la marca comercial no tiene ni el permiso ni el respaldo del propietario de la misma.

Todas las marcas comerciales dentro de este libro se usan solo para fines de aclaración y pertenecen a sus propietarios, quienes no están relacionados con este documento.

Índice

Introducción	vii
1. Holocausto	1
2. Wehrmacht	11
3. Aktion T4	23
4. Porrajmos	31
5. 11 de Wereth	45
6. Wormhoudt	51
7. Lídice	55
8. Abbaye D'Ardena	65
9. Malmedy	71
10. Gardelegen	79
11. Oradour Sur Glane	85
12. Kalavryta	95
13. Khatyn	103
14. Jabón	111
15. Lámparas	123
16. Nacht und Nebel	131
17. Fosas Ardeatinas	139
18. Extra: Juicios de Nuremberg	147
Conclusión	155
Referencias	157

Introducción

La palabra "holocausto", de las palabras griegas "*holos*" (entero) y "*kaustos*" (quemado), se usó en sus inicios como la descripción de una ofrenda o sacrificio quemada en un altar. Sin embargo, desde 1945, la palabra adquirió un significado nuevo y horrible: la persecución ideológica y sistemática, y el asesinato en masa de millones de judíos europeos (incluidos otros grupos, como romaníes, discapacitados intelectuales, disidentes y homosexuales) por el régimen nazi entre 1933 y 1945.

Poco después de que Adolf Hitler llegara al poder como canciller de Alemania en 1933, él y su gobierno nazi comenzaron a implementar políticas diseñadas para perseguir a los judíos alemanes y otros enemigos del Estado Nazi.

Durante la década siguiente a su toma de puesto, estas políticas se volvieron cada vez más represivas y violentas y resultaron, durante la Segunda Guerra Mundial (1939-45), en el asesinato sistemático patrocinado por el estado de unos 6 millones de judíos europeos, junto con un estimado de 4 millones a 6 millones de no judíos.

El dolor del Holocausto perdura. Diversos gobiernos e instituciones bancarias y empresas privadas han reconocido en los últimos años su complicidad con los nazis y han establecido fondos para ayudar a los sobrevivientes del Holocausto y otras víctimas de abusos contra los derechos humanos, genocidio u otras catástrofes.

Las heridas que la Segunda Guerra Mundial y el Holocausto que trajo consigo causaron siguen doliendo en la memoria colectiva. En este libro, conoceremos algunos de los crímenes que cometieron los Nazis, que a sangre fría y bajo una triste ideología de odio y supremacía asesinaron a hombres, mujeres, ancianos y niños de contextos diversos.

Comenzaremos por desarrollar los eventos que llevaron al Holocausto, la acción que tomó el ejército nacional de Alemania y descubriremos crímenes de lesa humanidad que sin duda indignarán y enojarán a cualquiera que los lea, pues las injusticias cometidas desde antes del inicio de la Segunda Guerra Mundial y en momentos posteriores a ésta no deben olvidarse, para nunca volver a cometerlas.

También revisaremos el proceso de los Juicios de Núremberg, que, bajo opiniones polarizadas en cuanto a su legitimidad y organización, buscaron llevar justicia a las víctimas de estos crímenes en contra de la humanidad.

En este libro recordamos con sumo respeto a las víctimas de estos crímenes, rememoramos sus trágicos finales y condenamos enérgicamente las acciones cometidas contra una gran diversidad de inocentes vulnerables.

1

Holocausto

PARA EL LÍDER antisemita Adolf Hitler, los judíos eran una raza inferior, una amenaza para la pureza racial y la comunidad alemanas. Después de años de gobierno nazi en Alemania, durante los cuales los judíos fueron perseguidos constantemente, la "solución final" de Hitler, ahora conocida como el Holocausto, se hizo realidad bajo la cobertura de la Segunda Guerra Mundial, con centros de exterminio masivo construidos en los campos de concentración de la Polonia ocupada.

Aproximadamente seis millones de judíos y unos 5 millones más, atacados por razones raciales, políticas, ideológicas y de comportamiento, murieron en el Holocausto. Más de un millón de los que perecieron eran niños.

El antisemitismo en Europa no comenzó con Adolf Hitler.

. . .

Aunque el uso del término en sí data de la década de 1870, hay evidencia de hostilidad hacia los judíos mucho antes del Holocausto, incluso desde el mundo antiguo, cuando las autoridades romanas destruyeron el templo judío en Jerusalén y obligaron a los judíos a abandonar Palestina.

La Ilustración, durante los siglos XVII y XVIII, enfatizó la tolerancia religiosa, y en el siglo XIX, Napoleón y otros gobernantes europeos promulgaron leyes que pusieron fin a las restricciones de larga data sobre los judíos. Sin embargo, persistió el sentimiento antisemita, que en muchos casos adquirió un carácter racial más que religioso.

Las raíces del antisemitismo particularmente virulento de Hitler no están claras. Nacido en Austria en 1889, sirvió en el ejército alemán durante la Primera Guerra Mundial, y como muchos antisemitas en Alemania, culpó a los judíos por la derrota del país en 1918.

Poco después de que terminara la guerra, Hitler se unió al Partido Nacional de los Trabajadores Alemanes, que se convirtió en el Partido Nacionalsocialista de los Trabajadores Alemanes (NSDAP), conocido por los angloparlantes como los nazis. Durante su encarcelamiento por traición, debido a su papel en el *Beer Hall Putsch* de 1923, Hitler escribió las memorias y el tratado de propaganda "Mein Kampf" (Mi lucha), en el que predijo una guerra europea general que resultaría en "el exterminio de la raza judía" en Alemania.

. . .

Hitler estaba obsesionado con la idea de la superioridad de la raza alemana "pura", a la que llamó "aria", y con la necesidad de "*Lebensraum*", o espacio vital, para que esa raza aria se expandiera. En la década posterior a su liberación de prisión, Hitler aprovechó la debilidad de sus rivales para mejorar el estatus de su partido y ascender de la oscuridad al poder.

El 30 de enero de 1933 fue nombrado canciller de Alemania.

Después de la muerte del presidente Paul von Hindenburg en 1934, Hitler se pronunció a sí mismo como "Führer", convirtiéndose en el gobernante supremo de Alemania.

Los objetivos de pureza racial y expansión espacial eran el núcleo de la visión del mundo de Hitler, y desde 1933 en adelante se combinarían para formar la fuerza motriz detrás de su política exterior e interior. Al principio, los nazis reservaron su persecución más dura para opositores políticos como los comunistas o los socialdemócratas. El primer campo de concentración oficial se abrió en Dachau (cerca de Munich) en marzo de 1933, y muchos de los primeros prisioneros enviados allí fueron comunistas.

Al igual que la red de campos de concentración que le siguieron (convirtiéndose en los campos de exterminio del Holocausto), Dachau estaba bajo el control de Heinrich

Himmler, jefe de la guardia nazi de élite, las Schutzstaffel (SS), y más tarde jefe de la policía alemana.

Para julio de 1933, los campos de concentración alemanes (Konzentrationslager en alemán, o KZ) tenían a unas 27,000 personas en "custodia protectora". Grandes mítines nazis y actos simbólicos como la quema pública de libros por parte de judíos, comunistas, liberales y extranjeros ayudaron a transmitir el mensaje deseado de fuerza del partido.

En 1933, los judíos en Alemania sumaban alrededor de 525,000 personas, solo el 1 por ciento de la población alemana total. Durante los siguientes seis años, los nazis emprendieron una "arianización" de Alemania, despidiendo a los no arios del servicio civil, liquidando empresas de propiedad judía y despojando a los abogados y médicos judíos de sus clientes.

Bajo las Leyes de Núremberg de 1935, cualquier persona con tres o cuatro abuelos judíos era considerada judía, mientras que aquellos con dos abuelos judíos eran designados *Mischlinge* (mestizos). Bajo estas Leyes, los judíos se convirtieron en objetivos rutinarios de estigmatización y persecución.

Esto culminó en la Kristallnacht, o la "noche de los cristales rotos" en noviembre de 1938, cuando se quemaron sinagogas alemanas y se rompieron las ventanas de las tiendas judías; más de 100 judíos fueron asesinados y miles más arrestados. De 1933 a 1939, cientos de miles de judíos que pudieron salir de Alemania lo hicieron, mientras que los que se quedaron vivieron en un estado constante de incertidumbre y miedo.

En septiembre de 1939, el ejército alemán ocupó la mitad occidental de Polonia.

La policía alemana pronto expulsó a decenas de miles de judíos polacos de sus hogares y los llevó a los guetos, entregando sus propiedades confiscadas a alemanes "étnicos" (no judíos fuera de Alemania que se identificaron como alemanes), alemanes del Reich o gentiles polacos.

Rodeados por altos muros y alambre de púas, los guetos judíos en Polonia funcionaban como ciudades-estado cautivas, gobernadas por consejos judíos. Además del desempleo generalizado, la pobreza y el hambre, la sobrepoblación convirtió a los guetos en caldos de cultivo para enfermedades como el tifus.

Mientras tanto, a partir del otoño de 1939, los funcionarios nazis seleccionaron alrededor de 70,000 alemanes institucionalizados por enfermedades mentales o discapacidades para ser gaseados hasta la muerte en el llamado Programa de Eutanasia. Después de que destacados líderes religiosos alemanes protestaran, Hitler puso fin al programa en agosto de 1941, aunque los asesinatos de discapacitados continuaron en secreto, y en 1945 habían muerto unas 275,000 personas consideradas discapacitadas de toda Europa. En retrospectiva, parece claro que el Programa de Eutanasia funcionó como piloto para el Holocausto.

Durante la primavera y el verano de 1940, el ejército alemán expandió el imperio de Hitler en Europa, conquistando Dinamarca, Noruega, los Países Bajos, Bélgica, Luxemburgo y Francia. A partir de 1941, judíos de todo el continente, así como cientos de miles de romaníes europeos, fueron transportados a los guetos polacos.

La invasión alemana de la Unión Soviética en junio de 1941 marcó un nuevo nivel de brutalidad en la guerra. Las unidades móviles de matanza llamadas *Einsatzgruppen* asesinarían a más de 500.000 judíos soviéticos y otros (generalmente a tiros) durante el transcurso de la ocupación alemana.

Un memorando fechado el 31 de julio de 1941, del máximo comandante de Hitler, Hermann Goering, a Reinhard Heydrich, jefe del SD (el servicio de seguridad de las SS), se refirió a la necesidad de una Endlösung (solución final) a "la cuestión judía".

A partir de septiembre de 1941, todas las personas designadas como judías en territorio controlado por los alemanes fueron marcadas con una estrella amarilla, convirtiéndolas en objetivos abiertos. Pronto, decenas de miles fueron deportados a los guetos polacos y las ciudades ocupadas por los alemanes en la URSS.

Desde junio de 1941, se estaban realizando experimentos con métodos de matanza en masa en el campo de concentración de Auschwitz, cerca de Cracovia. Ese agosto, 500 funcionarios mataron con gas a 500 prisioneros de guerra soviéticos con el pesticida Zyklon-B. Las SS pronto hicieron un gran pedido de gas a una empresa alemana de control de plagas, un indicador ominoso del Holocausto que se avecinaba.

A partir de finales de 1941, los alemanes comenzaron los transportes masivos desde los guetos de Polonia a los campos de concentración, comenzando con aquellas personas consideradas menos útiles: los enfermos, los ancianos, los débiles y los más jóvenes.

Los primeros gaseamientos masivos comenzaron en el campo de Belzec, cerca de Lublin, el 17 de marzo de 1942. Se construyeron otros cinco centros de exterminio en masa en campos de la Polonia ocupada, incluidos Chelmno, Sobibor, Treblinka, Majdanek y el más grande de todos, Auschwitz-Birkenau.

De 1942 a 1945, los judíos fueron deportados a los campos de toda Europa, incluido el territorio controlado por Alemania, así como los países aliados con Alemania. Las mayores deportaciones tuvieron lugar durante el verano y el otoño de 1942, cuando más de 300.000 personas fueron deportadas solo del gueto de Varsovia.

· · ·

Hartos de las deportaciones, las enfermedades y el hambre constante, los habitantes del gueto de Varsovia se sublevaron en armas. El levantamiento del gueto de Varsovia del 19 de abril al 16 de mayo de 1943, representó la muerte de 7,000 judíos, y 50,000 supervivientes fueron enviados a campos de exterminio. Los combatientes de esta resistencia mantuvieron a raya a los nazis durante casi un mes, y su revuelta inspiró revueltas en campos y guetos en toda la Europa ocupada por los alemanes.

Aunque los nazis trataron de mantener en secreto el funcionamiento de los campos, la magnitud de las matanzas lo hizo virtualmente imposible.

Testigos presenciales llevaron informes de las atrocidades nazis en Polonia a los gobiernos aliados, quienes fueron duramente criticados después de la guerra por no responder o no publicar las noticias de la masacre masiva.

Esta falta de acción probablemente se debió principalmente al enfoque aliado en ganar la guerra en cuestión, pero también fue el resultado de la incomprensión general con la que se recibió la noticia del Holocausto y la negación y la incredulidad de que tales atrocidades pudieran estar ocurriendo en un lugar a tan grande escala.

· · ·

Tan solo en Auschwitz, más de 2 millones de personas fueron asesinadas en un proceso que se asemeja a una operación industrial a gran escala. Una gran población de reclusos judíos y no judíos trabajaba en los campos de concentración; aunque solo los judíos fueron gaseados, miles de personas murieron de hambre o enfermedades.

En 1943, el eugenista Josef Mengele llegó a Auschwitz para comenzar sus infames experimentos con prisioneros judíos. Su área especial de enfoque era realizar experimentos médicos con gemelos, inyectándoles todo, desde gasolina hasta cloroformo, con el pretexto de darles tratamiento médico. Sus acciones le valieron el apodo de "el ángel de la muerte".

Conforme el régimen nazi perdía fuerza, las fuerzas alemanas comenzaron a evacuar muchos de los campos de exterminio en el otoño de 1944, y enviaron incluso a reclusos bajo vigilancia para marchar más lejos del frente enemigo que avanzaba.

Estas llamadas "marchas de la muerte" continuaron hasta la rendición alemana, resultando en la muerte de unas 250.000 a 375.000 personas.

Para la primavera de 1945, el liderazgo alemán se estaba disolviendo en medio de la disidencia interna, con Goering y Himmler buscando distanciarse de Hitler y tomar el poder. En su última voluntad y testamento político, dictado en un búnker alemán ese 29 de abril, Hitler culpó de la guerra a "la judería internacional y sus ayudantes".

. . .

Hitler instó a los líderes y al pueblo alemanes a seguir "la estricta observancia de las leyes raciales y con una resistencia despiadada contra los universales envenenadores de todos los pueblos"—los judíos. Al día siguiente, se suicidó. La rendición formal de Alemania en la Segunda Guerra Mundial se produjo apenas una semana después, el 8 de mayo de 1945.

En un esfuerzo por castigar a los villanos del Holocausto, los Aliados llevaron a cabo los Juicios de Nuremberg de 1945-46, que sacaron a la luz las atrocidades nazis. La creciente presión sobre las potencias aliadas para crear una patria para los sobrevivientes judíos del Holocausto conduciría a un mandato para la creación de Israel en 1948.

Durante las décadas siguientes, los alemanes comunes lucharon con el amargo legado del Holocausto, mientras los sobrevivientes y las familias de las víctimas buscaban la restitución de la riqueza y las propiedades confiscadas durante los años nazis.

A partir de 1953, el gobierno alemán realizó pagos a judíos individuales y al pueblo judío como una forma de reconocer la responsabilidad del pueblo alemán por los crímenes cometidos en su nombre.

2

Wehrmacht

Durante la Segunda Guerra Mundial, el ejército alemán ayudó a cumplir las ambiciones raciales, políticas y territoriales del nazismo. Mucho después de la guerra, persistió un mito que afirmaba que el ejército alemán (o Wehrmacht) no estuvo involucrado en el Holocausto y otros crímenes asociados con la política genocida nazi. Esta creencia es falsa.

El ejército alemán participó en muchos aspectos del Holocausto: en el apoyo a Hitler, en la implementación de trabajos forzados y en el asesinato masivo de judíos y otros grupos perseguidos por los nazis. La complicidad de los militares se extendió no solo a los generales y altos mandos, sino también a la base.

De igual manera, la guerra y la política genocida estaban indisolublemente unidas.

. . .

El cuerpo terrestre militar alemán (o Heer) fue el mayor cómplice, como resultado de estar sobre el terreno en las campañas del este de Alemania, a pesar de que todas las ramas del ejército participaron.

El liderazgo a menudo conservador del ejército alemán inicialmente vio a Adolf Hitler como un advenedizo radical y político. No apoyaron su intento de golpe, el *Beer Hall Putsch* de 1923. Dispararon contra Hitler y sus compañeros insurrectos en lugar de unirse a ellos.

Sin embargo, las SA (Sturmabteilung, o Storm Troopers), bajo el control de Ernst Röhm, supusieron una amenaza para el ejército. Röhm quería que las SA reemplazaran a los militares profesionales como un ejército popular. En consecuencia, en 1934, los líderes militares acordaron apoyar el socavamiento del poder de las SA por parte de Hitler y la eliminación de gran parte de su liderazgo a cambio de una garantía de su estatus como la única organización militar nacional.

Los militares no intervinieron el 30 de junio de 1934, cuando las SS asesinaron a Röhm ya muchos de los altos funcionarios de las SA. En este ataque también asesinaron a otros viejos enemigos con los que el régimen tenía cuentas que saldar, como el general Kurt von Schleicher, que había precedido a Hitler como canciller. Esta purga se conoció como la Noche de los Cuchillos Largos.

. . .

Dos meses después, los militares cambiaron su juramento de servicio.

En la nueva versión, los soldados juraron "obediencia incondicional" al Führer personalmente en lugar de a la constitución alemana. En 1935, de acuerdo con la ley racial nazi, los militares prohibieron que los judíos se unieran a sus filas. Los que ya estaban en servicio fueron despedidos.

En 1938, Hitler asumió el título de comandante supremo de todo el ejército alemán; todos estos movimientos ayudaron a solidificar la unión entre Hitler y sus generales. Los oficiales de más alto rango eran aristócratas y profesiones de clase media alta. Si bien aún no siempre estaban de acuerdo con Hitler, encontraron un terreno común que les permitió asociarse con él.

Primero, Hitler logró reconstruir el ejército alemán después de las humillantes reducciones del Tratado de Versalles después de la Primera Guerra Mundial. Segundo, prometió la oportunidad de luchar contra sus enemigos en Francia y la Unión Soviética bolchevique. Finalmente, muchos generales recibieron sobornos sistemáticos de Hitler en forma de pago extra, subvenciones e incluso obsequios de tierras y propiedades.

Mientras tanto, a medida que el ejército alemán aumentaba de tamaño, también se volvió más extremista políticamente. Si bien es posible que los oficiales superiores no siempre hayan sido nazis comprometidos, los soldados y oficiales más jóvenes ingresaron al servicio habiendo alcanzado la mayoría de edad bajo la constante propaganda del Tercer Reich.

Sobre esta base, la Wehrmacht continuó adoctrinando ideológicamente a las tropas alemanas. Los periódicos y boletines del ejército, películas y conferencias de "oficiales educativos" difundieron propaganda racista y antisemita y enfatizaron que Alemania estaba librando una guerra defensiva contra los "judeobolcheviques" y los conspiradores "plutocráticos" ansiosos por destruir la civilización europea y esclavizar al pueblo alemán.

Si bien no es posible generalizar completamente sobre una organización de 17 millones de hombres, el ejército alemán estaba cada vez más dispuesto a apoyar las guerras agresivas y las políticas genocidas de los líderes nazis.

La criminalidad y la complicidad del ejército en el Holocausto y otros crímenes nazis aumentaron más claramente durante la invasión de la Unión Soviética. Mucho antes del ataque, el Alto Mando emitió tres "Órdenes Penales" que rechazaban explícitamente las leyes de la guerra y animaban a los soldados a cometer atrocidades.

La primera, la "Orden de jurisdicción", establecía que los soldados no serían procesados por delitos en la Unión Soviética como lo serían en otras partes de Europa. En segundo lugar, los soldados recibieron las "Directrices para el Comportamiento de las Tropas" que instruían que *"esta guerra exige una acción despiadada y agresiva contra los agitadores, francotiradores, saboteadores y judíos bolcheviques, y la eliminación incansable de cualquier resistencia activa o pasiva".* Por lo tanto, los judíos se convirtieron casi de inmediato en un objetivo para el ejército alemán.

Finalmente, la Orden del Comisario ordenó que todos los comisarios políticos soviéticos capturados fueran ejecutados inmediatamente. Los comisarios políticos eran funcionarios del Partido Comunista Soviético que supervisaban sus unidades militares y reportaban directamente a los líderes del partido.

La orden violaba directamente los tratados que Alemania había firmado. Sin embargo, el 90 por ciento de las unidades alemanas lo llevaron a cabo.

Una ráfaga de órdenes adicionales antisemitas, antibolcheviques y brutales acompañó a estas tres órdenes, creando una cultura que toleraba y alentaba los crímenes de guerra. La guerra en la Unión Soviética no sería una guerra convencional, sino una guerra de aniquilamiento racial.

El ejército alemán se encontró por primera vez con los Einsatzgruppen en Polonia en 1939, para consternación de algunos generales. Por ejemplo, en febrero de 1940, Johannes Blaskowitz, comandante militar alemán para los territorios del este, se quejó de la política de las SS de masacrar a unos 10.000 judíos y polacos, que creía que perjudicaría a Alemania.

Argumentó que tales acciones fortalecieron la propaganda enemiga sobre las atrocidades alemanas, unieron a judíos y polacos contra Alemania, debilitaron el respeto de la Wehrmacht y llevaron a la propagación de la depravación masiva entre los alemanes. Instó a que las unidades declaradas culpables de llevar a cabo tales acciones asesinas rindieran cuentas ante las autoridades militares.

Para evitar que estallaran tales críticas tras la invasión de la Unión Soviética (Operación Barbarroja), las SS y los líderes del ejército elaboraron un acuerdo detallado de antemano en virtud del cual el ejército proporcionaría apoyo logístico a los Einsatzgruppen mientras llevaban a cabo el sistemátic0 asesinato en masa de 1.5 a 2 millones de hombres, mujeres y niños judíos en todo Oriente.

El ejército tenía pleno conocimiento de las actividades de estas unidades a través de oficiales de enlace y sus propios informes. Más allá del simple apoyo logístico, el ejército a menudo estuvo directamente involucrado en la toma de decisiones y la implementación de asesinatos en masa.

Tras la explosión de bombas colocadas por agentes soviéticos en varios edificios públicos de Kiev, el comandante militar alemán de la ciudad se reunió con oficiales de las SS para organizar el asesinato de los judíos de Kiev. Una compañía de propaganda de la Wehrmacht imprimió y colocó varios miles de carteles, exigiendo que los judíos se presentaran para el "reasentamiento".

Los días 29 y 30 de septiembre de 1941, unidades de las SS y de la policía alemana y sus auxiliares, bajo la jurisdicción del Einsatzgruppe C, asesinaron a la población judía de Kiev en Babi Yar, un barranco al noroeste de la ciudad. Este fue uno de los mayores asesinatos en masa en un lugar individual durante la Segunda Guerra Mundial. Según informes del Einsatzgruppe al cuartel general, 33,771 judíos fueron masacrados en dos días.

En otras partes de la Unión Soviética, el propio ejército alemán llevó a cabo activamente fusilamientos masivos de judíos, a menudo al amparo de la guerra antipartisana. La ayuda del ejército era necesaria ya que los Einsatzgruppen estaban demasiado cortos de personal para llevar a cabo la gran cantidad de asesinatos requeridos.

Los no judíos también se encontraban entre las víctimas de muchos asesinatos, incluidos romaníes (gitanos), pacientes con discapacidades y comisarios soviéticos. Además, dado que las unidades militares solían ser las primeras en las regiones recién ocupadas, muchas eran responsables de establecer guetos e implementar regulaciones antijudías como el trabajo forzado y el uso de la estrella amarilla.

Además de su complicidad en el Holocausto, el ejército alemán tiene la mayor responsabilidad por la muerte masiva de prisioneros de guerra (POW por sus siglas en inglés) soviéticos capturados. Debido a su éxito militar inicial, el ejército alemán capturó a millones de soldados soviéticos.

En solo ocho meses, 2 millones de prisioneros de guerra soviéticos habían muerto bajo custodia alemana; esto es ocho veces el número de bajas estadounidenses en combate durante toda la guerra. Más prisioneros de guerra soviéticos murieron cada día en el verano y otoño de 1941 que prisioneros de guerra británicos y estadounidenses murieron durante toda la guerra.

Estas muertes no fueron el resultado de una mala planificación y recursos insuficientes.
Fueron el resultado de una política intencional, decidida antes de la invasión. Estos prisioneros de guerra no recibieron refugio contra el calor o el frío, comida suficiente o atención médica.

En total, se estima que murieron 3.3 millones de soldados soviéticos. Las unidades del ejército también participaron en la separación de los prisioneros de guerra y comisarios judíos en los campos para que pudieran ser asesinados.

Más allá de su papel en ayudar y llevar a cabo el asesinato directo de judíos y otros, el ejército alemán empleó y se benefició del robo de propiedad judía y el uso de trabajo forzado en todos los niveles.

. . .

Por ejemplo, en el invierno de 1941, los judíos de toda Europa oriental se vieron obligados a entregar su ropa de abrigo para que la usaran soldados alemanes desprevenidos en el frente; además, la armada alemana utilizó el cabello rapado de los judíos asesinados en los centros de exterminio para forrar las botas de los submarinistas y para crear fieltro.

Desde la unidad más pequeña hacia arriba, el ejército usó mano de obra esclava judía para promover el esfuerzo de guerra. En el campo, los judíos se vieron obligados a realizar una variedad de tareas, desde cavar zanjas antitanques hasta reparar vehículos y servir como dragaminas humanos.

En los campos de concentración alemanes, como Dora-Mittelbau, y en los guetos de la Polonia ocupada por los alemanes, los judíos trabajaban para la industria armamentística. Trabajaron en todo, desde uniformes hasta proyectiles de artillería y los infames cohetes V2. En el sitio de Dora, miles de prisioneros del campo de concentración murieron cavando enormes túneles subterráneos a mano para ocultar la fábrica de los ataques aéreos aliados.

Tras el estallido de la guerra, el régimen nazi endureció las políticas, las leyes y las penas para los civiles y el personal militar acusados de socavar la moral, sabotaje o espionaje.

Hitler creía que las medidas draconianas evitarían que Alemania experimentará otro noviembre de 1918, cuando la

Alemania imperial firmó el armisticio que puso fin a la Primera Guerra Mundial.

La Wehrmacht aumentó drásticamente el número de tribunales militares responsables de juzgar tales casos de menos de 300 en diciembre de 1939 a casi 700 en 1944. Los estudiosos estiman que los tribunales militares alemanes dictaron unas 33.000 sentencias de muerte contra soldados y civiles. En la Primera Guerra Mundial, el ejército alemán emitió 150 sentencias de muerte, de las cuales solo llevó a cabo 48 ejecuciones.

A medida que la Alemania nazi se dirigía hacia la derrota, aumentaba el número de condenas y sentencias de muerte.

Por orden de Hitler, en febrero de 1945 se establecieron tribunales de cabeza de tambor, tribunales especiales que operaban en el campo. Compuestos por funcionarios nazis, policías y/o personal militar, estos tribunales podían emitir solo dos veredictos: culpable o no culpable.

Los veredictos de culpabilidad se castigaban con la pena de muerte. Los desertores, los funcionarios que se ofrecieron a entregar sus ciudades al avance de los ejércitos aliados o los civiles que criticaron las medidas nazis a menudo fueron ejecutados en la horca o fusilados.

. . .

Por otro lado, no todo el personal militar estuvo de acuerdo con la política nazi. Algunos protestaron mientras que otros rescataron activamente a los judíos. Si bien estos honorables individuos constituían una minoría estadísticamente pequeña, demostraron que era posible resistir y ayudar a los judíos, incluso en la estructura militar disciplinada y autoritaria.

Además, algunos oficiales alemanes de alto rango participaron en el complot fallido para asesinar a Hitler el 20 de julio de 1944. Sin embargo, este esfuerzo debe verse como un intento de recuperar el control del esfuerzo bélico antes de que Alemania fuera destruida y no como un intento de detener el holocausto. De hecho, algunos de los conspiradores mismos estaban profundamente implicados en la complicidad del ejército en el Holocausto.

Casi inmediatamente después del final de la guerra, surgió el mito de que el ejército alemán simplemente había luchado contra sus enemigos, incluidos los soviéticos, en una guerra convencional y no estaba involucrado en el Holocausto ni en otras políticas genocidas.

Esta leyenda comenzó en Nuremberg, donde las SS se consideraban una organización criminal, pero los militares no. Solo los miembros del Alto Mando fueron juzgados como criminales de guerra, en el Caso #12 de los Procesos Posteriores de Nuremberg.

. . .

Además, Estados Unidos, en busca de experiencia y asesoramiento para luchar contra los nuevos enemigos de la Guerra Fría en la Unión Soviética, llevó a muchos generales y oficiales alemanes a Estados Unidos. Estos hombres escribieron memorias altamente maquilladas que ocultaron intencionalmente la profunda complicidad del ejército alemán en el Holocausto.

Además, el enjuiciamiento legal de los militares era casi inexistente en la Alemania de posguerra. Incluso cuando los académicos comenzaron a desmantelar el mito, seguía siendo una creencia generalizada entre el público alemán (y estadounidense).

Uno de los primeros ataques en la esfera pública al mito de la "Wehrmacht limpia" ocurrió en 1995 con la exposición *War of Annihilation: Crimes of the Wehrmacht 1941 to 1944*, que se estrenó en Hamburgo, Alemania, en marzo de 1995. La exposición, que finalmente viajó a 33 ciudades alemanas y austriacas, demostró con gran detalle cuán profundamente involucrados estaban los militares en el Holocausto.

Una segunda exposición actualizada, *Crimes of the German Wehrmacht: Dimensions of a War of Annihilation 1941-1944*, siguió en 2001. La investigación muestra cuán voluntaria y profundamente participaron los militares en el Holocausto, desmantelando el mito de la "Wehrmacht limpia".

3

Aktion T4

El camino hacia la matanza masiva de enfermos mentales y discapacitados comenzó en 1933 con la aprobación de la 'Ley para la Prevención de Descendencia con Enfermedades Hereditarias'. Esto hizo que la esterilización fuera obligatoria para cualquier persona que padeciera condiciones consideradas hereditarias en ese momento.

Estas condiciones incluían la esquizofrenia y la epilepsia, aflicciones que los nazis, obsesionados con la pureza racial como estaban, no querían transmitir de generación en generación. Al esterilizar a las personas con enfermedades como la enfermedad de Huntington, la vagamente denominada "imbecilidad" e incluso el alcoholismo crónico, los nazis buscaban eliminar estas enfermedades del acervo genético nacional, creando así una raza más fuerte y pura.

Hitler quería ir más allá de simplemente esterilizar personas.

. . .

Ya en 1933, ya estaba expresando la opinión tanto a su médico Karl Brandt como al jefe de la Cancillería del Reich, Hans Lammers, de que su régimen debería ir más allá y matar a aquellos en la sociedad que los nazis consideraban inútiles.

El primero en morir fue un bebé de cinco meses llamado Gerhard Kretschmar. El padre de Gerhard, Richard Kretschmar, consideraba que su hijo gravemente discapacitado era un 'monstruo', y pronto se acercó a su médico local para pedirle que 'pusiera a dormir' al bebé por su propio bien.

Después de que el médico se negara, Kretschmar escribió directamente a Adolf Hitler y le pidió al Führer que anulara la decisión del médico. Hitler, que durante mucho tiempo había estado a favor de "matar por piedad" a los discapacitados graves, envió a su médico personal, Karl Brandt, al pueblo de Pommsen, cerca de Leipzig, para que examinara al niño.

Hitler le dijo a Brandt que si el bebé estaba tan gravemente discapacitado como afirmaba el padre, Brandt tenía su permiso para matar al niño. El médico examinó debidamente a Gerhard y concluyó que el niño estaba más allá de toda ayuda. Con la bendición de Hitler, el niño fue asesinado, probablemente mediante inyección letal, el 25 de julio de 1939.

. . .

Su muerte marcaría el comienzo de uno de los programas más espantosos de la Segunda Guerra Mundial: el asesinato en masa de enfermos mentales y discapacitados físicos en toda Alemania y algunos de sus territorios ocupados. El programa llegaría a ser conocido como Aktion T4.

La muerte del pequeño Gerhard Kretschmar fue vista como una 'prueba' de lo que vendría después. Después de la muerte del niño, Hitler le dijo a Brandt que tratara todos los casos similares de la misma manera. Fue el comienzo de algo verdaderamente monstruoso.

Tres semanas después de la muerte de Gerhard Kretschmar, los nazis establecieron el Comité del Reich para el Registro Científico de Enfermedades Hereditarias y Congénitas. El comité registró los nacimientos de todos los bebés nacidos con defectos identificados por los médicos. La matanza masiva de niños comenzó poco después. Para 1941, más de 5,000 niños identificados por el comité habían sido asesinados con la bendición del estado.

Por supuesto, el estado era consciente del hecho de que los padres no aceptarían que el gobierno matara a sus hijos. Para evitar una revuelta masiva, se desplegó el engaño. A los padres de niños discapacitados se les dijo que sus hijos serían enviados a 'Secciones Especiales' donde recibirían atención médica avanzada.

En realidad, los niños fueron enviados a centros de exterminio ubicados en hospitales psiquiátricos donde fueron asesinados mediante inyección letal. Luego, se informaría a los padres de que sus hijos habían muerto de otra cosa, generalmente neumonía.

Los niños enviados al instituto Am Spiegelgrund en Austria no solo fueron asesinados por inyección letal: algunos fueron gaseados y otros murieron después de haber sido sometidos a malos tratos físicos. Una vez muertos, se extrajeron los cerebros de los niños para su posterior estudio sin informar a los padres. Grotescamente, algunos de estos cerebros conservados permanecieron en colecciones privadas hasta el siglo XXI.

No fueron solo los niños discapacitados los que los nazis decidieron exterminar. El estallido de la guerra en septiembre de 1939 significó no solo poner como objetivo a los adultos alemanes mental y físicamente discapacitados; también se pusieron las miras en los vulnerables de los territorios conquistados, como Polonia y Checoslovaquia.

Los pacientes polacos fueron los primeros en ser atacados poco después de la conquista nazi del país. En toda Polonia, los asilos fueron vaciados por miembros de las SS y los pacientes fusilados. No pasó mucho tiempo antes de que se buscara un método más rentable para matar a los enfermos físicos y mentales, y ya en diciembre de 1939 los pacientes eran gaseados hasta la muerte.

Heinrich Himmler fue testigo de uno de esos gaseamientos. Le gustó lo que vio, y los gases se convertirían más tarde en el método de exterminio elegido durante la Solución final. El programa de matar a adultos que sufrían discapacidades mentales y físicas se extendió rápidamente a la vecina Alemania.

Los gobernadores regionales estaban ansiosos por despejar sus instituciones para dar paso a los soldados heridos y, al ver lo que estaba pasando en Polonia, aprovecharon la oportunidad de implementar programas similares en el frente interno. 8,000 alemanes vulnerables fueron asesinados en la primera ola de asesinatos. De ninguna manera serían los últimos.

Lo que había comenzado como una solución regional al hacinamiento en los hospitales pronto se extendió por toda Alemania. Para 1940, todos los judíos habían sido sacados de las instituciones alemanas y asesinados, y se enviaron órdenes a los hogares de ancianos, instituciones mentales, hospitales, hogares de ancianos y sanatorios para registrar a cualquiera que haya estado internado durante cinco años o más con una variedad de condiciones que iban desde de ser 'criminalmente loco' a sífilis, demencia senil y epilepsia.

Los que caían en estas categorías eran sacados de sus instituciones por ambulancias especiales conducidas por hombres de las SS vestidos con batas blancas; serían llevados a centros de exterminio y generalmente asesinados dentro de las 24 horas.

. . .

Luego se redactaban certificados de defunción con causas de muerte falsas y se enviaban a los familiares.

Por supuesto, la matanza masiva de adultos y niños alemanes no pasó desapercibida. Las muertes difícilmente eran un secreto de Estado, y muchas personas y médicos que se opusieron a Aktion T4 hicieron todo lo posible para sacar a sus familiares y pacientes de las instituciones antes de que las SS vinieran a buscarlos.

Estallaron protestas en toda Alemania. Tanto la iglesia protestante como la católica se opusieron a la moralidad del programa. A pesar de estas objeciones, los pacientes bajo el cuidado de ambas iglesias eran retirados y asesinados de forma rutinaria, a menudo, y para eterna vergüenza de estas iglesias, con el consentimiento de los sacerdotes.

El programa de eutanasia nazi fue oficialmente suspendido indefinidamente en 1941 frente a las protestas públicas y oficiales. Lamentablemente, los asesinatos continuarían hasta el final de la guerra, ya que los nazis fanáticos continuaron con el programa a pesar de todo.

El último niño en ser sacrificado fue Richard Jenne en la ciudad de Kaufberen en Baviera. Increíblemente, el pueblo ya había estado ocupado por tropas estadounidenses durante tres semanas cuando se produjo el asesinato del niño.

. . .

En total, Aktion T4 mató entre 275,000 y 300,000 personas inocentes. El método de muerte por gas que se desarrolló para el programa se trasladaría más tarde a la matanza masiva de judíos, polacos, romaníes, homosexuales y otros grupos objetivo en los campos de exterminio que surgieron en los territorios ocupados.

Después de la guerra, muchos participantes destacados del programa, incluido Karl Brandt, fueron juzgados en Núremberg en lo que se conoció como el "Juicio del médico". Muchos fueron ahorcados por sus crímenes contra la humanidad.

Entre los condenados a muerte se encontraban Viktor Brack, un nazi entusiasta que se inició en el programa de eutanasia antes de gasear a miles de judíos, y Kurt Blome, un científico que experimentó con sujetos humanos vivos y cometió la eutanasia.

Brandt, el hombre que puso en marcha el programa con la muerte del pequeño Gerhard Kretschmar en 1939, fue ahorcado el 2 de junio de 1948. Aktion T4 fue solo uno de los muchos crímenes atroces contra la humanidad cometidos por los nazis durante la Segunda Guerra Mundial.

4

Porrajmos

LA PERSECUCIÓN nazi de los romaníes ha sido durante mucho tiempo una parte "olvidada", o más bien pasada por alto y no reconocida, de la política genocida del Tercer Reich, y hasta cierto punto sigue siéndolo hoy.

Pocas personas son conscientes de que los romaníes fueron sistemáticamente marginados y perseguidos, deportados a campos de concentración, abusados en experimentos 'médicos' y fusilados o asesinados en masa por otros medios porque se los consideraba 'racialmente inferiores'.

Los romaníes han sido objeto de discriminación, persecución y esclavitud durante siglos, estigmatizados como delincuentes habituales, vagabundos, espías, asociales y mano de obra barata. A diferencia de los judíos, los romaníes no experimentaron la plena emancipación en el siglo XIX y principios del XX mediante la abolición de todas las leyes discriminatorias y el reconocimiento como iguales a los demás ciudadanos.

En cambio, la legislación anti-romaní siguió vigente en toda Europa, o incluso se introdujo poco después. En muchos lugares, la policía controlaba las actividades de la comunidad gitana con el pretexto de luchar contra la delincuencia, y continuaban los intentos de 'civilizarlos' obligándolos a abandonar su vida nómada.

Cuando los nazis llegaron al poder en Alemania, hicieron uso del racismo institucionalizado existente y del sistema de control y vigilancia estatal, cambiando la retórica de combatir el crimen a atacar a toda una comunidad étnica sobre la base explícita de la raza.

Después del nombramiento de Hitler como canciller de Alemania en enero de 1933, los romaníes fueron privados gradualmente de más y más derechos civiles. Fueron excluidos de las organizaciones profesionales y comerciales y, en virtud de la Ley para la Prevención de la Descendencia con Defectos Hereditarios del 14 de julio de 1933, las mujeres romaníes fueron esterilizadas contra su voluntad.

En el período previo a los Juegos Olímpicos de 1936 en Berlín, los llamados romaníes "sin hogar" fueron detenidos y llevados a la fuerza a campos de internamiento en las afueras de las ciudades. Hombres, mujeres y niños romaníes y sinti fueron objeto de persecución y encarcelamiento, con un enfoque específico en la limpieza de Berlín antes de que la ciudad albergara los Juegos.

. . .

Uno de los más infames de estos campamentos romaníes fue Marzahn Rastplatz, establecido en el este de Berlín entre un cementerio y un vertedero de aguas residuales.

En el mismo año, el Departamento de Salud alemán creó la Unidad de Investigación de Higiene Racial y Biología Demográfica, que se encargó de estudiar la 'cuestión gitana' y concluyó que la mayoría de los romaníes eran un 'peligro para la pureza racial aria'.

El 8 de diciembre de 1938, el Reichsführer SS Heinrich Himmler emitió su decreto sobre 'Combatir la peste gitana' en el que propugnaba abordar la 'resolución de la cuestión gitana' sobre la base 'de su naturaleza esencialmente racial'.

Cuando comenzó la Segunda Guerra Mundial, la persecución de los romaníes y sinti se intensificó. Los romaníes y sinti fueron deportados a guetos, incluido Łódź, ya campos de concentración, como Dachau, Mauthausen y Auschwitz-Birkenau; que tenía un 'Campamento Gitano' específico.

El 16 de diciembre de 1942, Himmler ordenó la deportación de todos los 'gitanos, mestizos, gitanos rom y miembros de tribus gitanas de origen balcánico con sangre no alemana' a un campo de concentración. Una orden de la Oficina Principal de Seguridad del Reich de las SS del 20 de enero de 1943 especificaba que serían deportados "al campo de concentración (campo gitano) de Auschwitz".

La construcción de un campo especial para romaníes en Auschwitz-Birkenau (sección B II e) había comenzado antes del decreto de Himmler del 16 de diciembre de 1942. Sin embargo, cuando llegó el primer transporte de unos 200 hombres, mujeres y niños sinti y romaníes del campo de concentración de Buchenwald el 26 de febrero de 1943, no estaba completamente terminado y se vieron obligados a trabajar para completarlo. De los 23,000 gitanos encarcelados en el campo, se estima que unos 20.000 fueron asesinados.

La mayoría de los reclusos del Zigeunerfamilienlager de Auschwitz eran sinti de Alemania, Austria y los Países Bajos. Sinti de estas áreas también terminaron en otros campos de concentración dirigidos por las SS, como Dachau, Neuengamme, Sachsenhausen o Ravensbrück, al igual que varios miles de romaníes de Francia.

Sin embargo, el mayor número de romaníes europeos vivían en los países del este y sureste de Europa, algunos viajaban, otros sedentarios. Aquí, la opresión y la persecución durante el período nazi a menudo tomaron una forma muy diferente.

La vida se hizo muy difícil para los romaníes en todas partes, sus derechos fueron severamente restringidos y los hombres romaníes a menudo fueron reclutados para brigadas de trabajo donde se les obligó a trabajar en duras condiciones. Sin embargo, el número de asesinados indiscriminadamente varió ampliamente.

Los romaníes fueron perseguidos en toda la Europa ocupada por los nazis y por los estados aliados con la Alemania nazi, y el gobierno nazi estaba feliz de dejar que los diversos regímenes se ocuparan de "sus" poblaciones romaníes.

En el Protectorado de Bohemia y Moravia, la parte checa ocupada por los nazis de la Checoslovaquia de entreguerras, las primeras deportaciones de romaníes a campos de trabajo ocurrieron inmediatamente después de la ocupación alemana en 1939.

Cuando el ejército alemán invadió la Unión Soviética en el verano de 1941, las tropas fueron seguidas por los Einsatzgruppen, escuadrones móviles de la muerte bajo el mando de la Policía de Seguridad Alemana y el Servicio de Seguridad (SD).

Su tarea era reunir y ejecutar sumariamente a todos aquellos que los nazis consideraban enemigos políticos o raciales.

Además de los comisarios soviéticos y los judíos, esto incluía a los romaníes. En muchas partes de la Unión Soviética, las tropas alemanas y los Einsatzgruppen fueron apoyados en su búsqueda de romaníes por la población local, alimentada por actitudes antirromaníes profundamente arraigadas que ahora podían traducir en acción. Los romaníes fueron masacrados donde los encontraron, y se mantuvieron pocos registros de nombres o números, si es que hubo alguno.

Después de que Alemania y sus aliados conquistaran Yugoslavia en 1941, el país se dividió.

Serbia quedó bajo la administración militar alemana directa, y las autoridades alemanas incluyeron a los romaníes en el grupo de "rehenes" que fueron ejecutados en represalia por cada soldado de la Wehrmacht asesinado por los partisanos.

Hubo masacres de romaníes y se establecieron campamentos especiales para ellos, entre ellos Crveni Krst en Niš. Los romaníes también fueron asesinados en una furgoneta de gas móvil, un camión sellado que tenía los gases del motor desviados al compartimento interior. Había sido enviado directamente desde Berlín, y al mismo tiempo se experimentaron con camionetas de gas similares para matar judíos y romaníes en la Polonia ocupada.

Como se ha dicho, los estados títeres y países aliados, los nazis estaban felices de dejar que los regímenes gobernantes se ocuparan de sus respectivas poblaciones romaníes. La mayoría no necesitó mucha ayuda, ya que el sentimiento anti romaní abundaba en todas partes.

El régimen de Ustaše en Croacia persiguió a los romaníes sin piedad, deportándolos a campos de trabajo y al campo de concentración de Jasenovac dirigido por croatas. Algunos terminaron en el Campamento III C de la sección especial de Roma de Jasenovac, pero la mayoría fueron exterminados poco después de su llegada. Actualmente se estima que entre 10,000 y 20,000 romaníes perecieron solo en Jasenovac.

En 1942, se establecieron dos campos para los 'trabajadores tímidos' y los 'criminales' que fueron convertidos en campos de concentración para unos 2,600 gitanos, custodiados por policías locales: Lety en Bohemia y Hodonín en Moravia. Más de la mitad de los prisioneros fueron luego deportados a Auschwitz.

Aproximadamente al mismo tiempo, la opresión de los romaníes en la Polonia ocupada se convirtió en una persecución total. A partir de 1942, los romaníes fueron reasentados a la fuerza en guetos judíos o deportados a campos de trabajos forzados.

Hubo masacres a gran escala, a menudo cometidas por bandas locales polacas o ucranianas. Los romaníes polacos también se enfrentaron a deportaciones a los campos de exterminio de Auschwitz, Bełżec, Chełmno, Majdanek y Treblinka.

· · ·

En Rumanía, el régimen pronazi de Antonescu deportó a más de 26,000 gitanos rumanos entre 1942 y 1944 a Transnistria, la franja de territorio ucraniano entre los ríos Dniéster y Bug ocupada por los ejércitos alemán y rumano. No había provisiones en el lugar, y los romaníes se vieron obligados a valerse por sí mismos; como resultado de esta negligencia criminal sistemática, hasta la mitad de los deportados murieron de hambre, exposición a los elementos y enfermedades.

Las autoridades húngaras habían propuesto la deportación de los romaníes a campos especiales desde la década de 1930, pero solo después de que Hungría entró en la Segunda Guerra Mundial en 1941, los hombres romaníes fueron reclutados por la fuerza en el ejército y enviados al frente oriental, y sus familias fueron reubicadas en guetos, los primeros de los cuales se instalaron antes que los de los judíos.

En contraste con la persecución de los judíos, la opresión que sufrieron los romaníes varió de un país a otro y de una región a otra. La diversidad de experiencias y el anonimato de tantas víctimas romaníes han dificultado el desarrollo de una narrativa unificadora general que pueda transmitirse a las generaciones más jóvenes de romaníes y a la sociedad en general.

Es más, para muchos romaníes del este y sureste de Europa, su persecución durante el período nazi no se destaca como algo tan memorable. La severa discriminación y marginación que han seguido experimentando desde el final de la Segunda Guerra Mundial destaca su persistente posición subordinada dentro de la sociedad actual.

A diferencia de los judíos, los hombres, mujeres y niños romaníes no estaban separados, por lo que el campamento se llamó *Zigeunerfamilienlager* (Campamento de familias gitanas). No hubo selección para dividir a los aptos para el trabajo y los inmediatamente destinados a las cámaras de gas, y muy pocos fueron reclutados para realizar trabajos forzados fuera del Zigeunerfamilienlager, aunque algunos tuvieron que trabajar en el propio campo.

Todos los recién llegados se tatuaron en los brazos (bebés en los muslos) con un número precedido por una Z de *Zigeuner*, que significa gitano. Les cortaron el cabello, pero se les permitió dejarlo crecer de nuevo. La mayoría mantuvo su ropa, pero tenían que usar un triángulo negro (representando el término 'asocial') adjunto, a menudo con una 'Z' inscrita. Más tarde, se introdujo un triángulo marrón.

Las condiciones de vida en el Campamento Gitano eran sombrías. Los suministros de alimentos eran totalmente inadecuados, las enfermedades proliferaban y las SS sometían a los reclusos a malos tratos graves.

En mayo de 1943, el Dr. Josef Mengele fue destinado a Auschwitz-Birkenau y se convirtió en médico de campo de la Zigeunerfamilienlager. Uno de los focos de su "investigación médica" estaba en los gemelos idénticos, y se interesó particularmente en los niños sinti y romaníes, sometiendo a sus víctimas a experimentos despiadados y torturas horribles, y matando a muchos de ellos para diseccionar partes de sus cuerpos.

La persecución se aceleró después de la ocupación alemana de Hungría y la toma del poder por el movimiento fascista Arrow Cross en 1944. Todos los hombres romaníes restantes fueron reclutados en brigadas de trabajo, algunos fueron deportados a campos de concentración dirigidos por las SS y otros fueron masacrados.

El gobierno colaboracionista de Eslovaquia salvó a los romaníes de las deportaciones hasta el otoño de 1944, aunque muchos habían sido expulsados de sus hogares.

Fue solo después del levantamiento fallido contra el régimen, que se consideró que los romaníes habían apoyado, que los romaníes fueron sometidos a pogromos y masacres sistemáticos.

Si bien era probable que los actos de resistencia nunca tuvieran éxito frente al abrumador poder alemán, hubo una serie de casos en los que los sinti y los romaníes intentaron desafiar a sus perseguidores y preservar su dignidad y humanidad.

. . .

Hubo intentos de fuga del Zigeunerfamilienlager, hubo sutiles sabotajes a las instrucciones de las SS, se sacaron de contrabando noticias escritas en romaní y, sobre todo, hubo solidaridad y ayuda y apoyo mutuo, especialmente entre los miembros de la familia.

Un intento de las SS el 16 de mayo de 1944 de reunir a un gran número de sinti y romaníes para transportarlos a las cámaras de gas fue frustrado por la resistencia organizada. Las noticias sobre la operación inminente se habían difundido y los hombres romaníes se atrincheraron en sus barracones, decididos a luchar contra las SS. Como resultado de esta resistencia, la operación se interrumpió en esta ocasión.

Sin embargo, la noche del 2 de agosto de 1944 no hubo tal respiro. Todos los romaníes que aún quedaban en el Zigeunerfamilienlager, casi 2,900, en su mayoría hombres ancianos y enfermos, así como mujeres y niños, recibieron una ración de pan y salami y se les dijo que serían transportados a otro campamento.

Alimentando este engaño, las SS los cargaron en camiones, pero en lugar de un viaje sustancial a otro campamento, solo fueron conducidos a corta distancia hacia las cámaras de gas cercanas. Los prisioneros restantes fueron deportados a los campos de concentración de Buchenwald y Ravensbrück para realizar trabajos forzados.

Por la mañana, el campamento se encontró vacío. Esto marcó el final de Auschwitz Zigeunerfamilienlager. La experiencia de la población romaní y sinti de Europa tiene paralelismos con la del pueblo judío, pues ambas poblaciones fueron atacadas por su raza y anteriormente habían sufrido siglos de discriminación.

Las Leyes de Nuremberg que prohibían el matrimonio entre judíos y arios y consagraban la pérdida de los derechos de ciudadanía también se aplicaron a los romaníes y sinti. Al igual que con los niños judíos, a los niños romaníes y sinti se les prohibió asistir a las escuelas públicas y a los adultos les resultaba cada vez más difícil mantener o asegurar un empleo.

Es notoriamente difícil estimar cuántos romaníes fueron asesinados durante el Holocausto, y las cifras varían enormemente.

La evidencia disponible hoy apunta a un número total de alrededor de 250,000 personas. Sin embargo, la cifra exacta nunca se sabrá; en comparación con las víctimas judías del Holocausto, hay una mayor proporción de romaníes que fueron víctimas de asesinatos no registrados, especialmente en los Balcanes y la antigua Unión Soviética.

Los romaníes y sinti de Europa (a menudo etiquetados históricamente como 'gitanos') fueron blanco de los nazis para su destrucción total. El Porrajmos, o Porajmos, que se traduce como 'el Devorador', es el término utilizado para describir el genocidio nazi de la población romaní y sinti de Europa.

. . .

Los historiadores estiman que entre 200,000 y 500,000 gitanos y sinti fueron asesinados por los nazis y sus colaboradores. Muchos más fueron encarcelados, utilizados como trabajo forzado o sujetos a esterilización forzada y experimentación médica.

Durante sus 17 meses de existencia, unos 22,650 presos romaníes fueron deportados al Zigeunerfamilienlager (esta cifra incluye a los 360 niños nacidos en el campo), alrededor del 85 por ciento de ellos perecieron. Unos 13,150 murieron por negligencia dolosa (inanición, enfermedad, malos tratos y agotamiento), y alrededor de 5,700 fueron asesinados en las cámaras de gas, más de la mitad de ellos durante la noche del 2 de agosto.

Esa noche ha conservado una resonancia particular para la comunidad gitana y sigue siendo un doloroso recordatorio de su persecución por parte de los nazis. Desde 1997 se ha marcado internacionalmente como el Día de Conmemoración del Exterminio Romaní, y en 2015 el Parlamento Europeo designó este día como el Día Europeo de Conmemoración del Holocausto Romaní, lo que refleja la importancia de esta noche para los gitanos y la memoria cultural europea en general.

Sin embargo, los activistas romaníes sienten cada vez más que no quieren ser recordados únicamente como víctimas indefensas de los nazis. Por lo tanto, además del 2 de agosto, han comenzado a celebrar el 16 de mayo como el Día de la Resistencia Romaní para que sirva de inspiración para la batalla contra la continua discriminación de los romaníes en la Europa actual.

A pesar de las atrocidades cometidas contra los romaníes y los sinti por el régimen nazi, sus experiencias no fueron plenamente reconocidas por el gobierno de Alemania Occidental hasta 1981 y hasta ahora el Porrajmos se está volviendo más conocido.

5

11 de Wereth

El 5 de agosto de 1942, el 333° Regimiento de Artillería de Campaña se activó como una unidad de color segregada en Camp Gruber, Oklahoma. El 10 de marzo de 1943, el Cuartel General y la Batería del Cuartel General se reorganizaron en el 333° Grupo de Artillería de Campaña.

El 1er Batallón se convirtió en el 333° Batallón de Artillería de Campaña y el 2° Batallón se convirtió en el 969° Batallón de Artillería de Campaña. Los FAB (por sus siglas en inglés) 333 y 969 estaban equipados con obuses M114 de 155 mm.

Después de llegar a Inglaterra en febrero de 1944, los batallones 333 y 969 desembarcaron en Normandía en julio y brindaron un apoyo de artillería vital a las fuerzas estadounidenses durante meses de duros combates, incluido el asedio de Brest, Francia.

. . .

Cuando los Aliados liberaron París en agosto, los dos batallones eran conocidos como algunas de las unidades de artillería más eficientes y contundentes del Ejército de los EE.UU.

En octubre de 1944, las unidades fueron asignadas a lo que se suponía que era un frente tranquilo, en apoyo del VIII Cuerpo, la 2.ª División de Infantería y más tarde la 106.ª División de Infantería no probada en las Ardenas a lo largo de la frontera belga-alemana. La unidad tomó posiciones alrededor del pequeño pueblo de Schoenberg cerca de St. Vith, Bélgica, a solo unas pocas millas de la frontera alemana.

Al comienzo de la Batalla de las Ardenas, la 333.a FAB estaba a unas 11 millas (18 km) detrás de las líneas del frente. En las primeras horas de la mañana del 16 de diciembre, la artillería alemana comenzó a bombardear el área de Schoenberg. Por la tarde, hubo informes de rápidos avances de columnas de tanques e infantería alemanes.

Se ordenó a la 333.ª FAB que se desplazara más hacia el oeste, pero el comandante de artillería de la 106.ª División de Infantería solicitó que la Batería C y la Batería de Servicio permanecieran en posición para apoyar al 14.º Regimiento de Caballería y la 106.ª División que estaban en proceso de ser rodeados en Schnee Eiffel.

. . .

En la mañana del 17 de diciembre, los alemanes habían capturado Schoenberg y controlaban el puente que cruzaba el río que conectaba con St. Vith.

El área alrededor de St. Vith y Wereth había sido parte de Alemania durante cientos de años hasta que Bélgica la anexó después de la Primera Guerra Mundial.

La batería de servicio trató de desplazarse a St. Vith a través del pueblo y fue alcanzada por fuego pesado de armas pequeñas y blindados alemanes. Muchos fueron asesinados y los que quedaron fueron capturados. Mientras los hombres eran conducidos a la retaguardia, la columna fue atacada por un avión estadounidense.

No está claro si evadieron la captura inicialmente o fueron capturados y pudieron escapar durante la confusión que siguió al ataque, pero 11 hombres del 333 escaparon al bosque.

Marcharon en dirección noroeste buscando las líneas estadounidenses.

Aproximadamente a las 3 pm se acercaron a la primera casa en la aldea de nueve casas de Wereth, la casa era propiedad de Mathias Langer y su familia. Langer les ofreció refugio y lo que resultó ser su última comida: pan y mantequilla. Un simpatizante alemán informó que soldados estadounidenses negros se escondían en la casa.

Las tropas de la 1ª División SS se movieron rápidamente para capturar a los estadounidenses, quienes se rindieron sin resistencia. Las SS llevaron a los prisioneros a un campo cercano, donde fueron golpeados, torturados y finalmente fusilados.

A las baterías A y B del 333 les fue mejor y llegaron a Bastogne. Se unieron a su unidad segregada compañera, la FAB 969, y contribuyeron poderosamente a esa defensa histórica. Mientras apoyaban a la 101 División Aerotransportada, sufrieron la tasa de bajas más alta de cualquier unidad de artillería en el VIII Cuerpo durante el asedio, con seis oficiales y 222 hombres muertos.

Por su valentía y eficacia en la defensa de Bastogne, la 969 recibió una mención de unidad distinguida el 7 de febrero de 1945, del mayor general Maxwell Taylor, comandante de la 101 aerotransportada. Esta fue la primera Mención de Unidad Distinguida (Mención de Unidad Presidencial) otorgada a una unidad de combate afroamericana.

Semanas más tarde, cuando los aliados recuperaron el área, una unidad de investigación del Ejército de EE.UU. descubrió que los cuerpos tenían las piernas rotas, heridas de bayoneta en la cabeza y los ojos y algunos dedos amputados. Ningún alemán fue procesado por este crimen de guerra.

. . .

Los 11 soldados masacrados fueron Curtis Adams de Carolina del Sur, Mager Bradley de Mississippi, George Davis Jr. de Alabama, Thomas Forte de Mississippi, Robert Green de Georgia, James Leatherwood de Misisipi, Nathaniel Moss de Texas, George Motten de Texas, William Pritchett de Alabama, James Stewart de Virginia Occidental y Due Turner de Arkansas.

La masacre de Wereth fue la única que el Ejército calificó como clasificada. Un Comité de Servicios Armados del Senado de 1949 documentó e investigó otros incidentes de masacres nazis de tropas estadounidenses capturadas y civiles belgas durante la Batalla de las Ardenas, pero el informe del Comité omitió los asesinatos en Wereth.

Luego de intentos fallidos de obtener ayuda del gobierno estadounidense, en septiembre de 1994, Hermann Langer, hijo de Mattias Langer, erigió una pequeña cruz de piedra para recordar a los 11 hombres asesinados. Usó piezas de las lápidas de su propia familia para erigir una cruz improvisada para marcar el lugar 50 años después de los asesinatos.

En 2001, el Dr. Norman Lichtenfeld, hijo de un veterano número 106, y los niños Langer, ayudaron a formar el Fondo Conmemorativo Wereth de EE.UU. para recaudar fondos para un monumento. El 23 de mayo de 2004, se dedicó formalmente un monumento a los 11 soldados cerca del lugar de la masacre.

• • •

Este monumento no solo está dedicado a los 11 soldados masacrados sino a todos los soldados afroamericanos que lucharon en el teatro europeo. Se cree que es el único monumento dedicado específicamente a los soldados afroamericanos de la Segunda Guerra Mundial en Europa. Finalmente, en 2017, el Congreso aprobó una resolución otorgando "reconocimiento oficial" a las víctimas de la masacre.

En 2006, los miembros del capítulo Worcester en Massachusetts, de los Veteranos de la Batalla de las Ardenas, dedicaron lo que probablemente sea el primer monumento a los 11 de Wereth en suelo estadounidense. Se dedicó en el cementerio conmemorativo de los veteranos de Winchendon el 20 de agosto. En 2016, se erigió un monumento en Miller Park, Bloomington, IL.

Es una vergüenza y un verdadero insulto a los civiles estadounidenses y belgas que tomó 60 años obtener el reconocimiento adecuado por parte del gobierno de los EE.UU. ante el sacrificio de los soldados afroamericanos por su país.

6

Wormhoudt

CASI MEDIO MILLÓN de hombres de la Fuerza Expedicionaria Británica fueron desplegados a fines de 1939 en Francia y Bélgica como parte de la defensa contra la esperada invasión de la Alemania nazi. Formando parte de la BEF (por sus siglas en inglés) había soldados de Birmingham, Coventry y Warwickshire.

Estos soldados servían con tres batallones del Regimiento Real de Warwickshire, y muchos de ellos servían a tiempo parcial como parte del programa de apoyo militar al pago de sus matrículas escolares.

Cuando llegó la primavera de 1940, el ataque fue rápido y feroz y la BEF se encontró luchando por retirarse a la costa de Bélgica, donde el milagro de Dunkerque permitió que unos 330,000 soldados escaparan a Inglaterra.

. . .

Durante la retirada, un grupo de soldados del 2° Batallón de los Warwick estuvo involucrado en uno de los eventos más atroces en la historia del regimiento. La masacre de Wormhoudt fue el asesinato en masa de 100 prisioneros de guerra británicos y franceses por soldados de las Waffen-SS de la 1ª División Leibstandarte SS Adolf Hitler durante la Batalla de Francia en mayo de 1940.

Los Warwick, junto con grupos rezagados del Regimiento de Cheshire, la Artillería Real y la Yeomanry de Worcestershire, estaban en posiciones defensivas en el pequeño pueblo de Wormhoudt. Después de retrasar a las fuerzas alemanas durante más de 24 horas, fueron invadidos.

Habiendo agotado sus suministros de municiones, las tropas en este punto se rindieron asumiendo que serían hechos prisioneros de acuerdo con la Convención de Ginebra. Era el 28 de mayo de 1940 y tras su captura, la tropa fue llevada a un granero cercano al pueblo.

Los integrantes de estas tropas aliadas se alarmaron cada vez más por la conducta brutal de los soldados de las SS en el camino hacia el granero, que incluyó el tiroteo de varios rezagados heridos. Había casi 100 hombres dentro del pequeño granero y soldados de la Leibstandarte SS Adolf Hitler arrojaron granadas de palo al edificio, matando a muchos de los prisioneros de guerra.

· · ·

Las granadas no mataron a todos, en gran parte debido a la valentía de dos soldados británicos, el sargento Stanley Moore y el sargento mayor Augustus Jennings, de Rugby, quienes se arrojaron encima de las granadas usando sus cuerpos para suprimir la fuerza de la explosión y proteger a sus compañeros de la explosión.

Al darse cuenta de esto, las SS llamaron a salir a dos grupos de cinco. Los hombres salieron y les dispararon. Al concluir que estos métodos eran demasiado lentos, los soldados de las SS simplemente dispararon contra el establo lleno de gente con sus armas.

80 soldados fueron asesinados y otros 9 murieron poco después a causa de sus heridas. Varios prisioneros británicos pudieron escapar y, por lo tanto, los detalles de la masacre sobrevivieron para ser contados: uno de estos hombres fue el soldado Bert Evans de Stirchley en Birmingham, el último superviviente y que murió en 2013 a los 92 años.

Después de un par de días, los sobrevivientes heridos fueron encontrados por médicos regulares del ejército alemán y llevados al hospital. Sus heridas fueron tratadas antes de ser enviados a campos de prisioneros de guerra por el resto de la guerra.

Su sacrificio es recordado hasta el día de hoy por los niños locales que depositan flores en el aniversario y por las visitas anuales al sitio cada mayo (excepto durante 2020 debido a Covid-19) por parte de miembros de la Royal Warwickshire Regimental Association para saludar a sus predecesores caídos.

7

Lídice

EN LA NOCHE del 9 al 10 de junio de 1942, la policía alemana y los oficiales de las SS destruyeron la ciudad checa de Lídice en el Protectorado de Bohemia y Moravia (las tierras checas ocupadas por los alemanes). Los nazis destruyeron Lídice como represalia por el asesinato y muerte de Reinhard Heydrich, un líder nazi de alto rango.

Los alemanes afirmaron falsamente que dos familias de la ciudad de Lídice estaban conectadas de alguna manera con los asesinos y la resistencia checa. El asesinato de Heydrich fue una operación ultra secreta conjunta de Gran Bretaña y Checoslovaquia, su nombre en código era "Operación Antropoide".

Los alemanes fusilaron a los hombres del pueblo y luego deportaron a la mayoría de las mujeres y los niños. Luego, quemaron la ciudad hasta los cimientos, prometiendo borrar el nombre de Lídice del mapa de Europa.

La destrucción de la ciudad y el trato brutal hacia sus habitantes fueron ampliamente difundidos internacionalmente. Lídice se convirtió en un símbolo de la brutalidad en tiempos de guerra de la Alemania nazi.

La "Operación Antropoide" fue planeada en Londres por el Ejecutivo de Operaciones Especiales (SOE) británico y el gobierno checoslovaco en el exilio dirigido por Edvard Beneš. Al asesinar a un oficial nazi de alto nivel, la SOE esperaba demostrar su eficacia. Mientras tanto, los líderes checoslovacos en Londres esperaban demostrar a los aliados que los checos estaban dispuestos a resistir a los nazis.

Los líderes de la operación optaron por asesinar a Reinhard Heydrich, quien ocupó varios cargos importantes en el régimen nazi. Como jefe de la Oficina Principal de Seguridad del Reich (RSHA), fue responsable del servicio de inteligencia de las SS (SD) y de la Policía de Seguridad.

También fue uno de los principales arquitectos de la "Solución final", el asesinato en masa de judíos europeos. La SOE lo describió en un memorando secreto como "probablemente el segundo hombre más peligroso en la Europa ocupada por los alemanes".

A partir del otoño de 1941, Heydrich se desempeñó como Protector Interino del Reich del Protectorado de Bohemia y Moravia.

. . .

En este puesto, supervisó las duras políticas de ocupación, incluida la persecución nazi de los judíos checos. También implementó políticas que tenían como objetivo erradicar la cultura checa y germanizar a la población checa.

Por lo tanto, tanto desde la perspectiva checa como desde la británica, Heydrich parecía un objetivo apropiado para despertar la resistencia en el Protectorado de Bohemia y Moravia. La SOE entrenó a un grupo de miembros de la resistencia checoslovaca en las tácticas y habilidades necesarias para llevar a cabo el asesinato.

Los británicos ayudaron a nueve miembros de la resistencia a lanzarse en paracaídas en el campo checo la noche del 28 de diciembre de 1941. Entre ellos estaban Jan Kubiš y Jozef Gabčík, los dos hombres encargados de matar a Heydrich.

Kubiš y Gabčík tardaron cinco meses en planificar y organizar el intento de asesinato. Mientras tanto, los dos hombres se escondieron con varios miembros de la resistencia checa local, que no apoyaban el plan de asesinato. Según los líderes locales, la presencia de Kubiš y Gabčík puso en peligro a toda la red de resistencia checa.

El 27 de mayo de 1942, Gabčík intentó dispararle a Heydrich cuando el automóvil de éste desaceleró en una curva cerrada en una calle de Praga. Sin embargo, la metralleta de Gabčík se atascó. Esto obligó a Kubiš a lanzar una bomba al automóvil.

. . .

La bomba explotó cerca de la rueda trasera e hirió a Heydrich, quien había ordenado al chofer que detuviera el automóvil para poder dispararle a Gabčík.

Heydrich no resultó mortalmente herido por la explosión. Sin embargo, la metralla de la explosión requirió que Heydrich fuera hospitalizado y resultó en septicemia (envenenamiento de la sangre por bacterias). Heydrich murió a causa de esta infección el 4 de junio de 1942.

El intento de asesinato de Heydrich el 27 de mayo enfureció a los líderes nazis. Un Adolf Hitler indignado exigió el asesinato de hasta 10,000 checos como venganza por el ataque. El líder superior de las SS y la policía del Protectorado de Bohemia y Moravia (HSSPF), Karl Hermann Frank, voló de Praga a Berlín para disuadir a Hitler de tomar medidas tan drásticas.

Frank argumentó que este tipo de represalia podría interferir con los planes económicos y políticos a largo plazo para la región. Sin embargo, Frank no tenía la intención de ser fácil con los checos. El 27 de mayo impuso la ley marcial en el Protectorado e inició la persecución de los asesinos.

El 9 de junio, día del funeral de estado de Heydrich en Berlín, Hitler ordenó la aniquilación de Lídice. Esta elección fue algo arbitraria. La ciudad había sido nombrada en una carta encontrada durante los primeros días de las investigaciones de las SS y la policía sobre el ataque a Heydrich.

Desesperados por pistas, los alemanes señalaron a Lídice como el lugar de las represalias. Sin embargo, no había evidencia real que conectara a la gente del pueblo con los asesinos. Aun así, los nazis usaron hasta el más mínimo pretexto para vengarse de la muerte de Heydrich.

En la noche del 9 al 10 de junio, la policía alemana y los oficiales de las SS rodearon a Lídice. Ordenaron a los aproximadamente 500 residentes que se reunieran en la plaza del pueblo. Una vez que la gente del pueblo se reunió, los miembros de las SS y la policía separaron a los hombres y niños mayores de quince años de las mujeres y los niños más pequeños.

Casi de inmediato, los alemanes dispararon contra 173 hombres y niños en una granja local. Luego arrasaron la ciudad hasta los cimientos. En las semanas siguientes, los alemanes ejecutaron a más de 20 habitantes de Lídice en un campo de tiro en Praga.

Un destino diferente aguardaba a las mujeres y los niños de Lídice, que fueron enviados a un pueblo cercano. Allí, fueron nuevamente separados. La mayoría de las mujeres y niñas mayores de 16 años fueron deportadas al campo de concentración de Ravensbrück. De las 203 mujeres de Lídice, 53 murieron en el sistema de campos de concentración nazi antes del final de la Segunda Guerra Mundial; siete mujeres fueron fusiladas junto a los hombres de sus familias.

La mayoría de los hijos de Lídice fueron enviados a Lodz (Łódź), una ciudad en Polonia ocupada por los alemanes. Allí, el personal de las SS de la Oficina Principal de Raza y Asentamiento de las SS (Rasse und Siedlungshauptamt, RuSHA) evaluó a los niños en busca de lo que consideraban características raciales. Determinaron que nueve de los niños tenían un origen racial supuestamente germánico.

Seleccionados para la germanización, estos niños fueron enviados a un hogar grupal en la Polonia ocupada por los alemanes. Allí les dieron nuevos nombres alemanes y les enseñaron a hablar alemán. Luego, los funcionarios del programa Lebensborn los colocaron con padres adoptivos alemanes.

Los alemanes asesinaron a los otros aproximadamente 80 niños de Lídice que no habían seleccionado para la germanización. La evidencia sugiere que este grupo de niños fue gaseado en el centro de exterminio de Chelmno.

Algunos niños de Lídice no fueron enviados a Lodz (Łódź). Siete niños menores de un año fueron enviados a un orfanato alemán en Praga. Otros siete niños nacieron en los meses que siguieron a la aniquilación del pueblo. La mayoría de estos recién nacidos también fueron colocados en orfanatos. De estos catorce niños muy pequeños, ocho sobrevivieron a la guerra.

Los nazis aniquilaron la ciudad de Lídice y destruyeron a las familias que vivían allí. Ni una sola familia Lídice sobrevivió a la guerra sin sufrir pérdidas devastadoras.

Mientras los nazis buscaban a los asesinos de Heydrich, descubrieron y arrestaron a muchos miembros de la resistencia checa. El 18 de junio, las SS y la policía descubrieron a los asesinos Kubiš y Gabčík, junto con varios otros combatientes de la resistencia, en la Catedral Ortodoxa de los Santos Cirilo y Metodio en Praga. Se produjo una escaramuza.

Kubiš murió a causa de las heridas sufridas en el tiroteo con oficiales de las SS y la policía. Gabčík y los otros combatientes de la resistencia se suicidaron para evadir la captura. Las familias de los asesinos y otros resistentes checos fueron enviados al campo de concentración de Mauthausen, donde posteriormente fueron asesinados.

Los nazis no detuvieron sus esfuerzos de represalia con Lídice, llevaron a cabo más represalias en el Protectorado de Bohemia y Moravia. El pueblo de cincuenta personas de Ležáky fue tratado de manera similar a Lídice.

. . .

El 24 de junio de 1942, los residentes adultos de Ležáky, tanto hombres como mujeres, fueron fusilados; trece niños fueron enviados a Lodz (Łódź). Se seleccionaron dos hermanas para la germanización, el resto de los niños fueron asesinados, probablemente en el centro de exterminio de Chełmno. El pequeño pueblo fue arrasado hasta sus cimientos.

Otras represalias en el Protectorado resultaron en la detención de 3,188 checos y la condena a muerte de 1,327 de ellos.

Como parte de las represalias por el asesinato de Heydrich, miles de judíos de Praga fueron deportados al campo de concentración de Lublin (también llamado "Majdanek"), así como a otros campos.

Los propagandistas nazis filmaron la destrucción física de Lídice. Las imágenes muestran casas en llamas, la demolición de edificios y funcionarios alemanes de pie entre las ruinas. Se suponía que la película documentaría las repercusiones de resistir el dominio alemán. La radio alemana informó con orgullo sobre la aniquilación de Lídice.

Las historias sobre la aniquilación de Lídice aparecieron en periódicos internacionales a mediados de junio. Los asesinatos, deportaciones y destrucción se convirtieron en un símbolo internacional de la brutalidad nazi.

. . .

En 1944, el autor alemán exiliado Thomas Mann escribió: *Los nazis son bestias estúpidas. Quisieron consignar el nombre de Lídice al olvido eterno, y con su atroz hazaña lo han grabado para siempre en la memoria de los hombres. Casi nadie conocía este nombre antes de que... lo arrasaran hasta los cimientos; ahora es mundialmente famoso.*

Los sobrevivientes de Lídice, 143 mujeres y 17 niños, enfrentaron una realidad devastadora al final de la Segunda Guerra Mundial. Sus familiares habían sido asesinados y sus hogares destruidos. Las madres habían perdido a sus esposos e hijos, mientras que los niños habían perdido a sus padres y hermanos.

Pero Lídice no fue olvidada. Siguió siendo un poderoso símbolo de la brutalidad nazi. De hecho, el metraje de la película nazi de la destrucción de Lídice se mostró en el Tribunal Militar Internacional de Nuremberg para ilustrar la brutalidad nazi. Los fiscales aliados hablaron específicamente sobre la aniquilación de la ciudad como un ejemplo de los crímenes de guerra nazis.

Karl Hermann Frank, el líder superior de las SS y la policía que había ordenado la destrucción de Lídice, fue arrestado y juzgado por el Tribunal Popular de Praga en 1946. Los crímenes de Frank parecían especialmente horribles porque era alemán de los Sudetes. Esto significaba que antes del desmantelamiento de Checoslovaquia por parte de la Alemania nazi en 1938-1939, había sido ciudadano checoslovaco. Fue condenado por sus muchos crímenes de guerra, incluida la aniquilación de Lídice y Ležáky.

Entre los espectadores que vieron su ejecución había siete mujeres de Lídice. A pesar de sus terribles experiencias, dos jóvenes supervivientes de Lídice, Marie Doležalová y Marie Hanfová, testificaron en un juicio posterior en Núremberg (caso n.º 8 contra altos funcionarios de la *SS Race and Resettlement*).

Doležalová y Hanfová tenían nueve y once años en el momento de la masacre y se encontraban entre los niños obligados a someterse a la germanización. En sus testimonios describieron lo que les había sucedido a ellos, a sus familias y a sus vecinos durante el aniquilamiento de Lídice.

El 10 de junio de 1945, el gobierno checoslovaco anunció que reconstruiría Lídice. La construcción de la nueva ciudad comenzó en 1948 cerca de las ruinas de la original. Más tarde, el gobierno convirtió las ruinas en un museo y un sitio conmemorativo. La nueva Lídice estaba poblada por algunos de los que habían sobrevivido a la aniquilación de la ciudad.

Muchos de los sobrevivientes de Lídice trabajaron en el monumento e intentaron mantener viva la memoria de la ciudad original y sus seres queridos.

8

Abbaye D'Ardena

Se cree que hasta 156 prisioneros de guerra canadienses fueron ejecutados por la 12.ª División Panzer de las SS (las Juventudes Hitlerianas) en los días y semanas posteriores al desembarco del Día D. En grupos dispersos, en varios rincones de la campiña de Normandía, los apartaron y les dispararon.

Un total de 20 canadienses fueron ejecutados cerca de Villons-les-Buissons en Abbaye d'Ardenne, una colección masiva de edificios medievales, incluida una iglesia gótica temprana y varios edificios agrícolas, rodeada por muros y rodeada de campos de cereales. Aquí era donde Kurt Meyer, Comandante del 25° Regimiento Panzer Grenadier (de la 12ª División Panzer), había establecido su cuartel general.

El 7 de junio, los alemanes estaban contraatacando a los aliados en vigor.

. . .

Los montañeses del norte de Nueva Escocia, apoyados por tanques del 27° Regimiento blindado canadiense (los fusileros de Sherbrooke), participaron en intensos combates alrededor de Authie.

Varios de sus tanques quedaron inutilizados y la infantería se vio sobrepasada. Una esquina de una calle en el sur de Authie fue nombrada Place des 37 Canadiens en honor a los 37 canadienses asesinados allí ese día.

La abadía se llenó rápidamente de prisioneros de guerra capturados durante y después de los combates. Diez de ellos fueron elegidos al azar y enviados al castillo adyacente a la abadía; el resto se trasladó a Bretteville-sur-Odon. Un undécimo prisionero de guerra, el teniente Thomas Windsor, fue llevado para unirse al grupo después de que se seleccionaron los primeros diez hombres.

Esa noche, los 11 prisioneros de guerra fueron llevados al jardín del castillo y asesinados. Varios meses después, seis de los cuerpos fueron descubiertos con golpes contundentes en la cabeza. Posteriormente también se encontraron cuatro más; era evidente que les habían disparado en la cabeza.

Los 11 canadienses ejecutados fueron el soldado Iván Crowe, el soldado Charles Doucette, el cabo Joseph MacIntyre, el solado Reginald Keeping, el soldado James Moss, el soldado James Bolt, el soldado George Gill, el soldado Thomas Henry, el soldado Roger Lockhead, el soldado Harold Philp y el teniente Thomas Windsor (Bolt, Philp y Lockhead habían sido miembros de la tripulación del tanque del teniente Windsor el día D).

El 8 de junio, cerca del mediodía, siete prisioneros de guerra más, todos North Novas que habían estado peleando alrededor de Authie y Buron, fueron llevados a la abadía, interrogados y enviados uno por uno a la muerte. En 10 minutos todo terminó: estrecharon la mano de sus camaradas antes de ser escoltados al jardín, donde les dispararon en la nuca con ametralladoras.

El soldado Jan Jesionek, un joven soldado polaco que había sido presionado para servir en la División de las Juventudes Hitlerianas, fue testigo tanto del interrogatorio como del tiroteo, y los denunció después de la guerra. Al igual que con los demás, los restos de este grupo no se encontraron hasta finales del invierno y principios de la primavera de 1945.

Estos prisioneros de guerra canadienses fueron los soldados Walter Doherty, Hollis McKeil, Hugh MacDonald, George McNaughton, George Millar, Thomas Mont y Raymond Moore. Se cree que el 17 de junio dos canadienses más fueron ejecutados aquí: el teniente Fred Williams y el cabo segundo George Pollard, ambos de Stormont, Dundas y Glengarry Highlanders.

. . .

Habían estado patrullando en busca de tanques alemanes averiados cerca de Buron y desaparecieron.

Se sabe que los alemanes evacuaron a dos prisioneros de guerra canadienses heridos al puesto de primeros auxilios de la abadía el 17 de junio. Más tarde, los testigos informaron haber escuchado disparos en las cercanías de la abadía en dos momentos diferentes ese día.

La Abbaye d'Ardenne fue liberada por los Royal Regina Rifles poco antes de la medianoche del 8 de julio. Sus miembros descubrieron el cuerpo del teniente Williams (que está enterrado en el cementerio de guerra canadiense de Beny-sur-Mer), sin embargo, no hubo rastro del cabo segundo Pollard, su cuerpo nunca fue encontrado. El Bayeux Memorial (cerca del cementerio de guerra de Bayeux) lo enumera como desaparecido.

Kurt Meyer fue llevado a juicio por las ejecuciones de Abbaye d'Ardenne en diciembre de 1945 y negó tener conocimiento de ellas. Fue declarado culpable y condenado a muerte, sentencia que luego fue conmutada por cadena perpetua. Cumplió ocho años en una penitenciaría de New Brunswick y, el 7 de septiembre de 1954, fue puesto en libertad; murió de un infarto siete años después.

El mayor (luego coronel) Ian J. Campbell del ejército canadiense estaba sirviendo en Europa y visitó el sitio en 1980 con miembros de la familia Vico y con el Dr. RL Bennett, profesor emérito de la Universidad de Caen, expatriado canadiense originario de Winnipeg.

La familia Vico había vivido en los terrenos de Abbaye desde la década de 1920 (excepto algunas interrupciones en 1944). Al notar que no había literatura turística sobre los hombres que habían caído allí o las circunstancias en torno al evento, el Mayor Campbell se comprometió a investigar un poco y preparar un pequeño folleto, y también tratar de hacer arreglos para una placa de bronce para marcar el sitio histórico.

Trabajando con el Dr. Bennett y M. Jacques Vico, decidieron que se podría construir un monumento usando algunas piedras originales de Abbaye recuperadas y descartadas durante el trabajo arqueológico reciente en el sitio para que el monumento fuera consistente con el estilo de la arquitectura de la Abadía.

Se propuso construirlo en el derecho de propiedad de los Vico en el parque donde se habían producido los asesinatos. En 1984, el Coronel Campbell hizo fundir una lápida conmemorativa de bronce en Vancouver y la envió a Francia para montarla en el monumento construido por los maestros artesanos Leon Garnier y Jean Mesnil.

Los costos fueron sufragados por donaciones de veteranos, miembros en servicio, familiares y simpatizantes del proyecto. El monumento fue inaugurado en el cuadragésimo aniversario del Día D, el 6 de junio de 1984, por The Hon W. Bennett-Campbell, Ministro de Asuntos de Veteranos. La inscripción dice:

"En la noche del 7 al 8 de junio de 1944, 18 soldados canadienses fueron asesinados en este jardín mientras estaban detenidos aquí como prisioneros de guerra. Dos presos más murieron aquí o cerca el 17 de junio. Están muertos, pero no son olvidados."

9

Malmedy

EN LA PRIMERA primavera de la posguerra, Dachau, el primer campo de concentración nazi y lugar de terror durante más de 10 años, se convirtió en el escenario de un tribunal estadounidense. Más allá del proceso de cuatro naciones del Tribunal Militar Internacional en Nuremberg, las fuerzas de ocupación, incluido Estados Unidos, también celebraron tribunales militares individuales en sus respectivas zonas.

Los juicios presididos por el ejército de los EE.UU. se llevaron a cabo en Dachau desde noviembre de 1945 hasta diciembre de 1947. Los acusados incluían una amplia gama de personas: miembros de alto rango del ejército alemán, oficiales nazis, personal de campos de concentración y también civiles.

Un componente de los Juicios de Dachau, el Juicio de la Masacre de Malmedy, se llevó a cabo durante dos meses, de mayo a julio de 1946, y se centró en los crímenes de las Waffen SS contra prisioneros de guerra estadounidenses y civiles belgas.

La Masacre de Malmedy fue un asesinato bien documentado y publicitado de prisioneros de guerra estadounidenses desarmados por parte de la primera SS durante la Batalla de las Ardenas. El 17 de diciembre de 1944, elementos del 1er Regimiento SS Panzer comandado por Joachim Peiper, capturaron a 113 soldados estadounidenses, los reunieron en un campo y los ametrallaron.

Algunos de los prisioneros sobrevivieron enterrados debajo de sus compañeros soldados o haciéndose pasar como muertos, sin embargo, 84 prisioneros de guerra estadounidenses fueron asesinados.

Sus cuerpos permanecerían en el campo donde fueron masacrados hasta mediados de enero, cuando los investigadores estadounidenses de crímenes de guerra recuperaron sus restos y reunieron pruebas. Los sobrevivientes que regresaron a las líneas aliadas contaron sobre el evento y las noticias llegaron a los soldados estadounidenses y al público estadounidense con historias en Yank, Stars and Stripes y la revista LIFE.

Los sobrevivientes como Warren Shmitt y Ted Paluch fueron interrogados por la inteligencia aliada y luego fueron enviados de regreso a luchar a pesar de su traumática experiencia.

El asesinato de prisioneros de guerra en Malmedy fue solo una de las atrocidades cometidas por la unidad de las SS de Peiper y solo un crimen considerado en los cargos que mencionaban que sus hombres:

"... en o cerca de Malmedy, Honsfeld, Bullingen, Ligneauville, Stoumont, La Gleize, Cheneus, Petit Their, Trois Ponts, Stavelot, Wanne y Lustre-Bois, todos en Bélgica, en diversas ocasiones entre el 16 de diciembre y el 13 de enero de 1945, deliberada e ilícitamente permitieron, alentaron, ayudaron, instigaron y participaron en los asesinatos, disparos, malos tratos, abusos y torturas de miembros de las Fuerzas Armadas de los Estados Unidos de América, entonces en guerra con el entonces Reich alemán, que eran prisioneros de guerra desarmados y rendidos en ese momento bajo la custodia del entonces Reich alemán (...) los nombres exactos y el número de tales personas son desconocidos, pero suman varios cientos, así como de nacionales civiles aliados desarmados"

El juicio de 1946 acusó a 74 miembros de las SS por estos delitos e incluyó a Joachim Peiper, comandante de Kampfruppe Peiper, así como al comandante del 6° Ejército Panzer, SS-Oberst-Gruppenführer Josef "Sepp" Dietrich. Los acusados habían estado recluidos en varios lugares desde su derrota.

. . .

Una vez identificados como asociados con las unidades responsables de crímenes de guerra, los hombres fueron interrogados en Schwäbisch Hall, Alemania. Muchos fueron interrogados por soldados estadounidenses bilingües que habían huido de la persecución nazi en Europa. Inicialmente, los prisioneros se mantuvieron juntos y tuvieron la oportunidad de coordinar historias y diseñar estrategias de defensa.

Siete sobrevivientes de Malmedy testificaron en el juicio, que comenzó el 16 de mayo. También testificaron testigos civiles belgas sobre el asesinato de civiles desarmados. Los miembros de las SS declararon bajo juramento.

Gran parte del testimonio se escribió con casi 100 declaraciones juradas presentadas ante el tribunal, incluidas confesiones y declaraciones de algunos de los acusados que informaban sobre algunos de sus coacusados. Los acusados uniformados se sentaron con tarjetas de identificación numeradas alrededor de sus cuellos, solo algunos tuvieron la oportunidad de subir al estrado.

La fiscalía argumentó que el asesinato de prisioneros de guerra estadounidenses y otros cometidos por Peiper y sus hombres fue premeditado, como resultado de las órdenes de Hitler de una campaña despiadada para inspirar miedo y terror. La defensa sostuvo que los asesinatos habían tenido lugar en el fragor de la batalla.

. . .

Una vez finalizado el proceso, se dictó un veredicto el 16 de julio de 1946, condenando a todos los acusados. El tribunal militar estadounidense de Dachau condenó a muerte en la horca a 46 miembros de las Waffen SS, incluido Joachim Peiper, por delitos cometidos contra prisioneros de guerra aliados. Otros 23 fueron condenados a cadena perpetua y los hombres restantes recibieron sentencias de entre 10 y 20 años.

Lo que sucedió en los meses y años siguientes sigue siendo una fuente de interés e investigación.

Los procedimientos en sí y los interrogatorios que condujeron al juicio se volvieron muy publicitados, cuestionados y politizados.

Los hombres de las SS condenados afirmaron que los interrogadores estadounidenses utilizaron métodos ilegales e incluso torturas y que todas las declaraciones dadas fueron bajo coacción. El ex abogado defensor en jefe, el coronel Willis Everett, continuó trabajando en nombre de los condenados, incluso después de regresar a casa y dejar el servicio activo en 1947.

La publicidad sobre el juicio aumentó y el Secretario del Ejército respondió organizando una comisión para investigar estas acusaciones. Las afirmaciones de abuso, apoyadas por veteranos alemanes, la población alemana y organizaciones religiosas que deseaban la liberación de criminales de guerra, también tenían respaldo estadounidense.

. . .

Un miembro de la comisión en particular, el juez Edward Van Roden, propagó las acusaciones y cuestionó la validez del juicio. Tras esta comisión, el 20 de marzo de 1948, 31 de las penas de muerte fueron conmutadas por cadena perpetua, excepto por Peiper y otras 11. Además, 13 de los 74 acusados iniciales fueron liberados, citando pruebas insuficientes.

La energía detrás de las acusaciones de abuso se mantuvo y en 1949 se llevaron a cabo audiencias en el Senado para investigar.

El nuevo senador Joseph McCarthy tenía un gran interés en el caso y obtuvo un permiso especial para asistir a las audiencias, y vio el juicio de Malmedy como una oportunidad para ser el centro de atención.

Un punto central de las investigaciones fue la motivación de los interrogadores, algunos de los cuales eran judíos que habían huido de Europa y se habían convertido en soldados estadounidenses. Los defensores de los declarados culpables en Dachau argumentaron que los interrogadores, especialmente el jefe de interrogadores PhD nacido en Praga, el teniente William Perl, cuya esposa había sobrevivido a Ravensbruck, buscaban venganza.

McCarthy, el supuesto observador de la audiencia, desempeñó un papel principal, simpatizando con Peiper y los otros hombres de las SS, interrogando agresivamente a los interrogadores estadounidenses y otros testigos, llegando incluso a pedir que el teniente Perl se sometiera a una prueba de detección de mentiras.

Al final, la comisión encontró que estas afirmaciones eran falsas, las acusaciones de abuso fueron en gran parte inventadas, pero aun así se descubrió y documentó la confusión procesal, lo que permitió una base suficiente para enmendar aún más las sentencias dictadas el 16 de julio de 1946.

En 1951, la mayoría de los hombres fueron liberados y las únicas sentencias de muerte restantes, las de Peiper y otras cuatro, fueron conmutadas.

La sentencia de Peiper se redujo aún más en 1954. Tanto Sepp Dietrich como Joachim Peiper fueron liberados de la prisión de Landsberg en 1956.

Algunos dirían que se hizo justicia para Peiper, 30 años después del juicio en Dachau, cuando fue asesinado en su casa en Francia en julio 13 de febrero de 1976. Los prisioneros de guerra estadounidenses que fueron asesinados en Malmedy por las fuerzas de Peiper están conmemorados en el cruce de caminos de Baugnez a la vista del campo donde cayeron.

10

Gardelegen

En 1945, cuando las tropas aliadas penetraron en la Alemania nazi, las SS comenzaron a evacuar a los prisioneros de los campos de concentración en las zonas periféricas en marchas de la muerte hacia el interior del Reich. Era parte de un esfuerzo ansioso y desesperado por mantener la guerra y evitar que los reclusos cayeran en manos enemigas, donde pudieran testificar contra sus perseguidores.

Tras cruzar el ejército de los EE. UU. el río Rin y avanzar hacia el centro de Alemania, la administración del campo de las SS en Dora-Mittelbau ordenó la evacuación de prisioneros del campo principal y varios de sus subcampos afiliados el 3 y 4 de abril. El objetivo era transportar a los presos en tren o a pie a los campos de concentración de Bergen-Belsen, Sachsenhausen o Neuengamme.

. . .

En cuestión de días, unos 4,000 prisioneros de Dora-Mittelbau, sus campos satélites y un subcampo de Neuengamme llegaron al área de Gardelegen, a 90 millas al oeste de Berlín, donde tuvieron que desmontarse de los vagones de carga porque los trenes no podían avanzar más debido a la falta de aire; daños causados por redadas en las vías del tren.

Muy superados en número por los prisioneros, los guardias de las SS comenzaron a reclutar fuerzas auxiliares del departamento de bomberos local, la fuerza aérea, la guardia local de ancianos, las Juventudes Hitlerianas y otras organizaciones para vigilar a los presos.

El 13 de abril (menos de un mes desde el final de la Segunda Guerra Mundial), más de mil prisioneros, muchos de ellos enfermos y demasiado débiles para seguir adelante, fueron llevados desde la ciudad de Gardelegen a un gran granero en el Isenschnibbe, forzados a instalarse en el interior del edificio.

Luego, los guardias reunidos bloquearon las puertas y prendieron fuego a la paja empapada en gasolina. A medida que el calor y las llamas se expandían dentro del edificio, los prisioneros buscaron escapar de la conflagración cavando debajo de las paredes del granero. Fueron asesinados por los guardias.

Al día siguiente, las SS y los auxiliares locales regresaron para deshacerse de las pruebas de su crimen. Planearon incinerar lo que quedaba de los cuerpos y el granero, y matar a los sobrevivientes del incendio. El veloz avance de la 102 División de Infantería, sin embargo, impidió que las SS y sus cómplices llevaran a cabo completamente este plan.

El 14 de abril, el 102 (405.º Regimiento, 2.º Batallón, Compañía F) entró en Gardelegen y, al día siguiente, descubrió la atrocidad. Encontraron los cadáveres de 1.016 prisioneros en el granero aún en llamas y en las trincheras cercanas, donde las SS habían arrojado los restos carbonizados. También entrevistaron a varios de los presos que lograron escapar del fuego y los disparos.

En cuestión de días, los fotógrafos del Cuerpo de Señales del Ejército de EE.UU. llegaron para documentar el crimen nazi y el 19 de abril de 1945, la historia de la masacre de Gardelegen comenzó a aparecer en la prensa occidental. Ese día, tanto el *New York Times* como el *Washington Post* publicaron historias sobre la masacre, citando a un soldado estadounidense que declaró:

"Nunca antes estuve tan seguro de exactamente por qué estaba luchando. Antes hubieras dicho que esas historias eran propaganda, pero ahora sabes que no lo eran. Están los cuerpos y todos esos tipos están muertos."

El 21 de abril de 1945, el comandante local de la 102 ordenó a entre 200 y 300 hombres de la ciudad de Gardelegen que dieran sepultura adecuada a los prisioneros asesinados.

. . .

Durante los días siguientes, los civiles alemanes exhumaron 586 cuerpos de las trincheras y recuperaron 430 cuerpos del granero, colocando cada uno en una fosa individual.

El 25 de abril, la 102 llevó a cabo una ceremonia en honor a los muertos y erigió una lápida en memoria de las víctimas, en la que se indica que los habitantes de Gardelegen tienen la responsabilidad de que "las tumbas se mantengan para siempre tan verdes como la memoria de estos desafortunados que serán guardados en los corazones de los hombres amantes de la libertad en todas partes".

También el 25 de abril, el coronel George Lynch se dirigió a los civiles alemanes en Gardelegen con la siguiente declaración: *"Al pueblo alemán se le ha dicho que las historias de atrocidades alemanas eran propaganda aliada. Aquí, puedes verlo por ti mismo. Algunos dirán que los nazis fueron los responsables de este crimen. Otros apuntarán a la Gestapo. La responsabilidad no recae en ninguno de los dos: es responsabilidad del pueblo alemán... Su supuesta Raza Maestra ha demostrado que es dueña únicamente del crimen, la crueldad y el sadismo. Han perdido el respeto del mundo civilizado".*

El descubrimiento de la masacre parece haber sido por casualidad. El consenso es que todo sucedió gracias al teniente estadounidense Emerson Hunt, un oficial de enlace entre el cuartel general de Ozark y el batallón de tanques 701; capturado por las fuerzas alemanas el 14 de abril de 1945.

. . .

El teniente Hunt engañó a las fuerzas alemanas que defendían la ciudad de Gardelegen haciéndoles creer que los tanques estadounidenses se acercaban a la ciudad, lo que llevó al comandante alemán a rendirse a las fuerzas estadounidenses.

Los estadounidenses llegaron al sitio antes de que los alemanes tuvieran tiempo de enterrar todos los cuerpos.

El Teniente Coronel Edward E. Cruise, Oficial Investigador de la Rama de Crímenes de Guerra del Noveno Ejército, llevó a cabo una investigación.

Gardelegen es ahora un monumento nacional. El cartel del cementerio dice:

"Cementerio militar de Gardelegen,
 Aquí yacen 1016 prisioneros de guerra aliados que fueron asesinados por sus captores. Fueron enterrados por ciudadanos de Gardelegen, quienes tienen la responsabilidad de que las tumbas se mantengan siempre tan verdes como la memoria de estos desafortunados se mantendrá en los corazones de los hombres amantes de la libertad en todas partes.

Establecido bajo la supervisión de la 102 División de Infantería. Ejército de los Estados Unidos. El vandalismo será castigado con penas máximas según las leyes del gobierno militar.

· · ·

Frank A. Keating Mayor General, Comandante de EE. UU."

En una ceremonia el 15 de septiembre de 2020, 75 años después de la masacre de Gardelegen, el presidente alemán Frank-Walter Steinmeier dijo que el resurgimiento del pensamiento autoritario y nacionalista subrayó la importancia de un nuevo monumento a las víctimas. "La masacre aquí en Gardelegen fue una de las últimas", dijo Steinmeier en presencia de dos sobrevivientes, "es fundamental que recordemos. Que salvaguardemos la memoria de crímenes de los que muchos alemanes, incluso hoy, no saben nada".

El presidente señaló que los nazis "mataron hasta el último minuto" de la guerra. Steinmeier también lamentó que pocas personas fueran procesadas por los crímenes cometidos en la fase final de la guerra y dijo que era "vergonzoso" que Gerhard Thiele, un líder local del partido nazi acusado de dar la orden de incendiar el granero, escapara de la justicia. Fue arrestado por los estadounidenses en 1945, pero fue liberado por razones desconocidas y vivió durante décadas con un nombre falso.

11

Oradour Sur Glane

ORADOUR-SUR-GLANE ERA un pequeño pueblo agrícola de unos 350 habitantes, situado cerca de Clermont-Ferrand, a unas 15 millas al oeste-noroeste de Limoges. Durante la Segunda Guerra Mundial, estuvo ubicado en la zona de Francia ocupada por los alemanes.

El 10 de junio de 1944, tropas de la 2ª División Panzer Waffen-SS (división blindada), Das Reich, masacraron a 642 personas, casi la totalidad de la población, y luego destruyeron el pueblo. Después de la guerra, Oradour-sur-Glane rivalizó con Lídice como símbolo icónico de los crímenes alemanes contra civiles en la Europa ocupada.

Durante la Segunda Guerra Mundial, las autoridades de ocupación alemanas en Francia reaccionaron con creciente brutalidad a los ataques organizados contra soldados alemanes, cuarteles generales y propiedades por parte del movimiento de resistencia, más comúnmente conocido como maquis o résistance.

El ejército alemán mató a rehenes y encarceló en campos de concentración a partidarios o simpatizantes reales o percibidos del movimiento de resistencia. En general, las medidas antipartisanas alemanas en Francia nunca alcanzaron el nivel de violencia o el número de muertes de civiles como las implementadas en el este y sureste de Europa, especialmente en Serbia, Grecia y la Unión Soviética.

Antes, pero especialmente después de los desembarcos aliados en la costa de Normandía el 6 de junio de 1944, el movimiento de resistencia francés intensificó los esfuerzos para interrumpir las comunicaciones y las líneas de suministro alemanas.

Los comandantes militares alemanes, particularmente aquellos que habían prestado servicio en el frente oriental y cuya respuesta a la actividad partidista había estado condicionada por la extraordinaria brutalidad de las medidas antipartidistas allí, radicalizaron e intensificaron las respuestas a la actividad de resistencia real y percibida.

El 8 de junio de 1944, dos días después del desembarco aliado, el comandante en jefe del ejército alemán para el oeste, el mariscal Gerd von Rundstedt, emitió órdenes para "aplastar" la resistencia "con una iniciativa rápida y despiadada", y expresó la "expectativa de que la gran operación contra las bandas [es decir, los partisanos] en el sur de Francia se llevara a cabo con la mayor severidad y sin indulgencia".

El general Karl-Heinrich von Stülpnagel, el comandante militar en Francia, ordenó el redespliegue de varias unidades estacionadas en toda Francia para reforzar el frente de Normandía y aplastar la actividad partidista detrás de las líneas alemanas. Entre las unidades redistribuidas en Normandía se encontraba la 2.ª División Panzer de las Waffen-SS Das Reich, que había llegado como unidad de reserva a la ciudad de Montauban, en el sur de Francia, en enero de 1944.

Das Reich había visto dos años de servicio de combate, incluidas numerosas acciones antipartidistas en el frente oriental, antes de su transferencia a Francia. Su comandante, el general de división de las SS, Heinz Bernhard Lammerding, se desempeñó desde julio de 1943 hasta enero de 1944 como jefe de personal del general de las SS Erich von dem Bach-Zelewski, a quien Himmler había designado para comandar y coordinar las operaciones antipartisanas detrás de las líneas alemanas en la Unión Soviética ocupada.

En esta capacidad, Lammerding había ordenado varias acciones de represalia contra civiles soviéticos por actividades partidistas reales, percibidas o "simpatías". Tales operaciones implicaron el asesinato de decenas de miles de civiles, muchos de los cuales no tenían nada que ver con los partisanos, y el incendio de decenas de pueblos.

. . .

Cuando la 2ª División SS se redistribuyó a Normandía, los combatientes de la resistencia francesa la hostigaron. El 9 de junio de 1944, Lammerding emitió órdenes para que la división "limpiara" de partisanos el área alrededor de Clermont-Ferrand.

Ese mismo día, miembros de la división habían mostrado lo que significaría "limpieza" de partisanos: en represalia por un ataque, los soldados de Das Reich ahorcaron a 99 habitantes varones del pueblo de Tulle, cerca de Limoges.

Al día siguiente, 10 de junio de 1944, soldados de la 3ª Compañía, 1er Batallón, 4º Regimiento SS-Panzergrenadier (infantería motorizada) Der Führer, una unidad subordinada de la 2.ª División Panzer SS desde abril de 1944, avanzaron hacia el pueblo de Oradour- sur-Glane.

Dirigidas por el comandante del 1er Batallón, el comandante de las SS, Adolf Diekmann, las tropas de las Waffen-SS rodearon el pueblo al mediodía. En ese momento, la población de la aldea casi se había duplicado a unas 650 personas, engrosada por refugiados, incluidos algunos refugiados judíos, de otras partes de Francia.

Los soldados de las SS reunieron a toda la población y la concentraron en la plaza del mercado. A partir de entonces, separaron a los aldeanos por género. Los miembros de los pelotones primero y segundo llevaron a los 197 hombres a varios graneros en las afueras de la ciudad y los encerraron, el tercer pelotón encerró a 240 mujeres y 205 niños en la iglesia del pueblo.

Luego, los hombres de las SS prendieron fuego a los graneros y arrojaron granadas a través de las ventanas de la iglesia, disparando a quienes intentaban escapar de las llamas.

Después de que 642 habitantes, incluidos siete refugiados judíos, murieran, la compañía saqueó las viviendas vacías y luego quemó la aldea hasta los cimientos.

Aproximadamente a las 8:00 p. m. de la noche del 10 de junio, los hombres de las SS se retiraron de las ruinas humeantes. Solo siete aldeanos sobrevivieron a la masacre: seis hombres y una mujer, todos ellos con heridas más o menos graves. Unos quince habitantes más del pueblo pudieron escapar de los alemanes antes de que comenzara la masacre o evadir la redada escondiéndose.

La masacre de Oradour-sur-Glane recibió una atención contemporánea significativa, lo que requirió que el comando del ejército alemán buscara una explicación y que los oficiales del Das Reich la construyeran.

En la noche del 10 de junio, después de que las tropas abandonaran Oradour-sur-Glane, Diekmann reunió a sus oficiales y suboficiales y les ordenó que no hablaran sobre los asesinatos. Les dijo que, si les preguntaban, deberían decir que los insurgentes atacaron la división en el pueblo y que los aldeanos murieron durante el tiroteo.

El Alto Mando del Ejército Alemán ofreció entonces esta explicación al Secretario de Estado del Ministerio de Defensa de Vichy, General Eugène Bridoux, después de que los diplomáticos de Vichy enviaran una nota de protesta formal que contenía un relato exacto de los acontecimientos del 10 de junio.

La explicación alemana decía que los hombres del pueblo murieron durante la pelea y ésta había sido iniciada desde el pueblo. Las mujeres y los niños se habían refugiado dentro de la iglesia y murieron como resultado de una explosión de un depósito de municiones insurgente cercano que incendió el interior de la iglesia.

Para sofocar la creciente indignación pública y tratar de evitar que el gobierno de Vichy se adhiriera a los aliados, el comandante en jefe del ejército alemán en el oeste ordenó una investigación criminal de la masacre.

Dado que las SS estaban bajo una jurisdicción diferente a la del ejército alemán, el juez de las SS, mayor Detlef Okrent, llevó a cabo la investigación, que se basó significativamente en el testimonio del capitán de las SS, Otto Kahn. Okrent suspendió el procedimiento en enero de 1945 y concluyó que "las preocupaciones militares justificaron las represalias".

. . .

Después de la guerra, la masacre de Oradour-sur-Glane también recibió mucha atención. En 1946, el gobierno francés declaró el sitio como un sitio conmemorativo nacional y ordenó su conservación. El equipo de la fiscalía francesa presentó documentación de los asesinatos ante el Tribunal Militar Internacional de Núremberg en 1946.

Se sigue discutiendo por qué Diekmann y sus superiores eligieron Oradour-sur-Glane y quién dio la orden de matar a los habitantes.

Ni el Tribunal Militar Internacional ni las autoridades francesas en los procedimientos en Burdeos en 1953 produjeron pruebas concluyentes que vincularan a Oradour-sur-Glane con la resistencia francesa o que determinaran quién ordenó la masacre.

Cuando las autoridades de la República Democrática Alemana procesaron a Heinz Barth, un suboficial que participó en la masacre de Oradour-sur-Glane, en 1981, tampoco pudieron llegar a una respuesta concluyente a estas preguntas.

La evidencia presentada en los juicios y en las investigaciones de Alemania Occidental de los oficiales de Das Reich generó una serie de teorías sobre por qué las SS atacaron Oradour-sur-Glane. La explicación más común es que Lammerding y Diekmann recibieron información del comandante de las SS, Karl Gerlach (a quien los insurgentes habían secuestrado, pero que había escapado), de que los aldeanos estaban ayudando a la resistencia.

Una variación de esta teoría es que los colaboradores franceses engañaron a los alemanes, tal vez deliberadamente, haciéndoles creer que los insurgentes franceses retenían a otro oficial alemán secuestrado, el comandante de las SS, Helmut Kämpfe, en Oradour-sur-Glane, y que planeaban matarlo.

Esta explicación se basa en evidencia endeble y lógica defectuosa, ya que no hay indicios de que los alemanes buscaran Kämpfe en Oradour-sur-Glane.

Los soldados de Das Reich tampoco continuaron la búsqueda después de la masacre, ni en Oradour-sur-Glane ni en ningún otro lugar.

Además, los sobrevivientes afirmaron que uno de los oficiales alemanes, posteriormente identificado como el capitán de las SS, Otto Kahn, nunca mencionó a Kämpfe, pero informó a los aldeanos que se registrarían las casas en busca de armas y municiones.

Otras explicaciones parecen aún menos convincentes. No hay indicios de que los alemanes hayan recibido alguna vez inteligencia de que Oradour fuera el sitio de un cuartel general insurgente, como afirmó después de la guerra el comandante de las SS, Otto Weidigner, un oficial de Das Reich que no había estado involucrado en la masacre. No hay información en los registros militares alemanes de que los insurgentes atacaron a las tropas alemanas cerca de Oradour.

Una entrada en el diario de guerra del comandante militar en Francia del 14 de junio generó la teoría de que las tropas de la 2.ª División Panzer Waffen SS habían confundido Oradour-sur-Glane con Oradour-sur-Vayres, un pueblo a unas 15 millas al sureste. Esta teoría se ve socavada por la ausencia de cualquier referencia a un ataque insurgente contra los alemanes cerca de Oradour-sur-Vayres durante este período de tiempo.

A pesar de toda la atención que han recibido los asesinatos, pocos de los hombres de las SS responsables de la masacre han sido juzgados.

Diekmann cayó en combate tres semanas después de la masacre. Las autoridades alemanas se negaron a extraditar a Lammerding a Francia a pesar de que fue declarado culpable y condenado a muerte en rebeldía por el tribunal de Burdeos en 1953.

Los abogados alemanes afirmaron que la constitución alemana prohibía la extradición de ciudadanos alemanes. La oficina del fiscal estatal en Frankfurt reabrió el caso Lammerding en 1961, pero suspendió el proceso por falta de pruebas en 1964.

. . .

Lammerding murió en Alemania Occidental en 1971.

En 1953, un tribunal militar francés en Burdeos procesó a 21 ex miembros de la 2ª División de las SS por delitos cometidos en Oradour-sur-Glane y Tulle. Catorce de los acusados eran alemanes étnicos de Alsacia. El tribunal condenó a 20 de los acusados; condenó a dos a muerte y al resto a penas de prisión de entre cinco y 20 años. Sin embargo, las amnistías y los indultos liberaron a todos los condenados, incluidos los dos condenados a muerte, dentro de los cinco años posteriores al juicio.

En 1981, las autoridades de la República Democrática Alemana arrestaron y procesaron a Heinz Barth, ex sargento de las SS y comandante de pelotón cuyos soldados se encontraban entre los que dispararon contra los hombres de Oradour-sur-Glane. Un tribunal de Berlín Oriental condenó a Barth a cadena perpetua. Liberado en 1997, Barth murió en 2007 a la edad de 86 años.

12

Kalavryta

El 13 de diciembre de 1943 marca la fecha de la peor masacre cometida en Grecia por los nazis que ocupaban el país, ya que más de 500 civiles inocentes fueron ejecutados y toda la ciudad de Kalavryta fue incendiada.

La Masacre de Kalavryta, también conocida como el Holocausto de Kalavryta, fue llevada a cabo por la 117 División Jäger del ejército alemán. El exterminio de la población masculina de Kalavryta fue en represalia por la ejecución de 68 soldados alemanes que habían sido capturados por la Resistencia griega.

La "Operación Kalavryta", o "*Unternehmen Kalavryta*", fue un típico acto alemán de represalia en áreas donde había una fuerte actividad guerrillera. Fue dirigido contra la población civil de la región y fue uno de los más bárbaros llevados a cabo por la Wermacht, no sólo en Grecia, sino en Europa.

· · ·

Las regiones de Kalavryta y Aegialian habían desarrollado fuertes fuerzas de resistencia desde principios de 1943. El ejército alemán comenzó a preocuparse por las crecientes actividades revolucionarias y quería destruirlas con una operación que incluía bombardeos, incendios y ejecuciones.

La orden de llevar a cabo esta operación se dio después del asesinato del Hauptmann Hans Schober por las fuerzas de la Resistencia, en la Batalla de Kerpini, cerca de Kalavyrta, el 17 de octubre de 1943, cuando 86 soldados alemanes fueron capturados. Los alemanes amenazaron con arrasar las aldeas cercanas y masacrar a los civiles si la resistencia no liberaba a sus soldados.

Las tropas nazis iniciaron el ataque desde las tres ciudades griegas de Trípoli, Aegio y Patras, y finalmente terminaron en Kalavryta. En el camino, quemaron, saquearon y destruyeron todo a su paso; ssu camino de destrucción incluyó los pueblos de Rogi, Kerpini, Zachlorou, Souvardos, Vrachni, Kalanos, Vlasia, Manesi, Saradi, Massi y otros, así como el Santo Monasterio de la Gran Cueva y el Monasterio de Omlou, al sur de Patras.

A principios de diciembre de 1943, la 117.ª División Jäger del ejército alemán inició la Operación Kalavryta, que intentaba rodear y eliminar a los combatientes de la resistencia griega en las montañas que rodeaban el área de Kalavryta. La División Jäger se especializó en operaciones antipartisanas y había llegado a Grecia después de la lucha contra los insurgentes en Yugoslavia.

. . .

La iglesia trató de razonar con la resistencia para liberar a los prisioneros alemanes, pero se negaron. En respuesta, el 8 de diciembre, las tropas de la 117.ª División Jäger entraron en las aldeas cercanas de Kerpini y Pogi, matando a toda la población masculina de ambas aldeas. La resistencia luego ejecutó a 78 prisioneros alemanes.

El 9 de diciembre, los nazis entraron en Kalavryta. Exigieron hablar con los líderes de la resistencia griega, pero después de ejecutar a los prisioneros alemanes, abandonaron el área y se mudaron a un lugar diferente.

Muchos residentes ya habían abandonado el pueblo por temor a represalias, pero los alemanes pidieron a los kalavrytianos que regresaran con la seguridad de que no saldrían heridos. De hecho, el comandante alemán Ebersberger dio su llamada "palabra de honor militar" para apaciguar a los residentes inquietos y asustados, asegurando que su seguridad estaría garantizada.

Después de quemar las casas de los combatientes rebeldes y buscar a los alemanes que habían resultado heridos en la Batalla de Kerpini, el 12 de diciembre, comenzaron a empacar para abandonar la ciudad.

. . .

Pero temprano en la mañana del 13 de diciembre, nuevas fuerzas del ejército alemán llegaron a la ciudad, junto con muchos oficiales superiores.

Los alemanes tocaron las campanas de la iglesia del pueblo y ordenaron a toda la gente que se reuniera en la escuela primaria, trayendo consigo una manta y comida para un día.

Allí, separaron a los hombres de las mujeres y los niños. A las mujeres y los niños se les dijo que permanecieran en la escuela, mientras que todos los varones mayores de 14 años fueron conducidos en grupos al campo cercano llamado Kapi Rake.

El campo estaba en una pendiente y tenía la forma de un anfiteatro, ofreciendo una vista completa de la ciudad; esto también significaba que era un área difícil de escapar. Los alemanes saquearon la ciudad de toda la comida y el ganado y luego procedieron a prenderle fuego. Entonces comenzó la matanza, los alemanes procedieron a prender fuego a la escuela para que los hombres pudieran ver.

Momentos después, después de que se vieron obligados a ver el horror, los nazis ametrallaron a todos los hombres en el lugar. Según el historiador alemán Hermann Frank Meyer, el jefe de las fuerzas alemanas, el general Karl von Le Suire, había dado órdenes claras de registrar con precisión todos los nombres de las víctimas de ejecución.

. . .

Algunas fuentes cuentan la historia de manera distinta: las tropas alemanas apuntaron con ametralladoras a los hombres y niños, matando a 438 de ellos. De alguna manera, 13 de ellos sobrevivieron escondiéndose bajo los cadáveres de sus habitantes. Desde su punto de vista, las mujeres y los niños podían ver a los alemanes matando a sus familiares y amigos.

Pero no terminaron allí, pues los alemanes prendieron fuego a la escuela.

En total, 499 personas fueron asesinadas ese día en Kalavryta. Doce hombres lograron sobrevivir sin que los alemanes lo supieran, mientras que el número total de víctimas llegó a 677 en la región más amplia de Kalavryta y las aldeas vecinas.

Las mujeres y los niños que quedaron atrapados en la escuela primaria casi fueron consumidos por las llamas, pero finalmente escaparon rompiendo las ventanas y puertas. Existe el rumor de que un soldado austríaco al que se le había confiado su custodia dejó una puerta abierta para que pudieran huir.

Las mujeres y los niños se quedaron con la espantosa tarea de enterrar a los muertos al día siguiente. Sin embargo, los alemanes quemaron aproximadamente 1,000 edificios de la ciudad, se llevaron toda la comida y confiscaron 2,000 cabezas de ganado. Así que, mientras vivieron, no tenían comida ni techo. Durante la operación nazi, fueron destruidos un total de 28 pueblos y ciudades. Y 693 civiles fueron asesinados.

En abril de 2000, el entonces presidente de la República Federal de Alemania, Johannes Rau, visitó el sitio conmemorativo en Kalavryta y expresó vergüenza y pesar por la tragedia.

Un museo dedicado al Holocausto de Kalavryta ahora está abierto en la antigua escuela primaria en Kalavryta, Grecia, donde los nazis separaron por primera vez a los hombres de las mujeres y los niños.

Si bien las atrocidades cometidas por las fuerzas nazis contra civiles en la Segunda Guerra Mundial son enormes y resultaron en los juicios por crímenes de guerra más amplios de la historia, uno de los crímenes de guerra nazis menos conocidos en su momento fue la masacre de civiles en Kalavryta en Grecia.

Las mujeres y los niños encerrados en la escuela en llamas podían ver cómo mataban a sus maridos, hijos, padres y hermanos, y los hombres de la colina podían ver cómo mataban a sus madres, esposas, hermanas e hijas, quemadas dentro de la escuela. Finalmente, las mujeres lograron escapar del edificio en llamas gracias a la presunta ayuda del soldado austríaco.

. . .

Después de que terminó la ocupación nazi, la iglesia catedral fue reconstruida, pero el reloj en el campanario se congeló para siempre a las 2:34, hora en que comenzó la masacre. El sitio donde se mantuvo a las mujeres y los niños se convirtió en el Museo del Holocausto Kalavryta. La masacre de Kalavryta durante la ocupación nazi sigue siendo uno de los días más oscuros de la historia griega moderna.

13

Khatyn

La masacre de marzo de 1943 en el pueblo bielorruso de Khatyn ha llegado a simbolizar los horrores de las atrocidades nazis. Desde entonces, la masacre ha sido de gran importancia para la política de memoria de Bielorrusia, pero los detalles reales del evento siguen sin examinarse. Hoy, las autoridades soviéticas y los nacionalistas de la diáspora ucraniana han mostrado un gran interés en refutar la centralidad de los colaboradores en la organización de la masacre.

El 22 de marzo de 1943, 149 aldeanos de una comunidad de Europa del Este que formaba parte de la Unión Soviética en ese momento, fueron brutalmente asesinados; solo seis personas (cinco niños y un adulto) de las personas que fueron conducidas a su muerte inminente pudieron salir con vida.

. . .

Los soldados nazis y sus colaboradores desencadenaron una guerra total contra los habitantes civiles del pueblo en reacción a la emboscada de los partisanos bielorrusos a Hans Woellke, un conocido lanzador de peso olímpico alemán.

Viktor Andreevich Zhelobkovich, un sobreviviente del incidente, dijo que *"la gente se volvió loca por el miedo, al darse cuenta de que iban a ser quemados... Todo a mi alrededor estaba ardiendo, incluso la ropa de mi madre había comenzado a brillar... El granero se quemó, los cadáveres quemados yacían por todas partes... frente a mis ojos, los aldeanos de Khatyn murieron uno tras otro".*

Este no fue un incidente aislado: las fuerzas nazis arrasaron más de 600 aldeas bielorrusas, otras 5,454 aldeas y mataron sin piedad a una parte significativa de sus habitantes. Fueron impulsados por el objetivo de repoblar el territorio soviético con colonos alemanes y "conquistar, asegurar y explotar los recursos de la Unión Soviética en beneficio del Reich alemán".

El incidente aún ocupa una gran parte de la conciencia cultural bielorrusa, pero es una parte relativamente oscura de la historia en Europa Occidental y Estados Unidos.

Cuando las fuerzas alemanas tomaron el poder sobre la Unión Soviética en 1941, el jefe de las fuerzas nazis (Wilhelm Keitel) emitió la siguiente directiva: *"Dado que no podemos vigilar a todo el mundo, tenemos que gobernar con miedo".* Esta declaración fue un reflejo de la realidad de la vida en el frente oriental, donde el tamaño de la Unión Soviética había reducido demasiado las tropas alemanas.

Además, los ataques del lado partidista y de varios combatientes de la resistencia que utilizaron tácticas de guerrilla para oponerse a la ocupación habían motivado a las fuerzas alemanas a hacer todo lo posible para desalentar la resistencia. En consecuencia, Keitel ordenó que, por cada nazi asesinado por los partisanos, deberían morir entre 50 y 100 soviéticos.

La política sofocó los levantamientos, al mismo tiempo que funcionaba para llevar a cabo asesinatos en masa de eslavos de Europa del Este (el grupo étnico dominante en el área) porque los alemanes los consideraban inferiores.

Hoy, el sitio web conmemorativo de Khatyn detalla información sobre el ataque, junto con una lista de los nombres y años de nacimiento de las víctimas; sin embargo, hay pocos o ningún detalle sobre los perpetradores y los eventos que llevaron a la masacre. El sitio web simplemente señala a los "fascistas alemanes", sin mencionar a los colaboradores ucranianos, por asesinar a los civiles del pueblo. Incluso más registros y relatos oficiales oscurecen el papel que jugaron los colaboradores nazis.

Después de la guerra, el recuerdo de la terrible tragedia se desvaneció en comparación con la escala de las atrocidades que se llevaron a cabo en Bielorrusia. Los cientos de personas responsables de la masacre de Khatyn nunca fueron llevadas ante la justicia; algunos de ellos huyeron a Occidente, mientras que otros regresaron a la Unión Soviética y reanudaron sus vidas bajo alias. Solo tres de las personas involucradas (dos ucranianos y un colaborador ucraniano) fueron ejecutadas por el delito.

La amnesia colectiva que rodeaba el incidente cambió en la década de 1960 después de que Pyotr Masherov llegara al poder; destacó la importancia de la resistencia en tiempos de guerra para la identidad bielorrusa y decidió erigir monumentos de los partisanos que habían sacrificado sus vidas por la resistencia.

Otros políticos (como el presidente Alexander Lukashenko) siguieron los pasos de Masherov y alentaron una narrativa que describía el heroísmo bielorruso mostrado por los partisanos como inigualable y "merecedor de elogios en todo el mundo".

La transformación de la masacre de Khatyn en un símbolo del sufrimiento bielorruso fue de la mano con la formación de un mito fundacional para la Unión Soviética: describía la "Gran Guerra Patria" desde una perspectiva nacionalista y animaba a los funcionarios a agrupar el genocidio de judíos soviéticos con las matanzas de eslavos étnicos.

Los llevó a dejar de reconocer el sufrimiento que las víctimas del Holocausto habían experimentado debido a su origen étnico e ignorar las diferencias subyacentes entre las víctimas de los dos eventos con el objetivo de presentar un frente unificado. No querían que el Holocausto eclipsara el mito que habían creado sobre la Gran Guerra Patriótica.

La narrativa soviética fue en gran medida un reemplazo de la memoria de la Revolución de Octubre...

Y cuando se crea la narrativa de gloria contra el 'fascismo' y la victoria, de prácticamente salvar al mundo en realidad, entonces los otros eventos, como el Holocausto, ya no parecen tan relevantes. Son un poco molestos para la narrativa maestra de que ellos, los nazis, son los malos y los buenos los derrotaron.

El Complejo Conmemorativo del Estado de Khatyn, que fue fundado por la URSS en 1969, asignó mayor credibilidad al nuevo mito fundacional. Era un sitio de 50 hectáreas que contenía tierra traída directamente de las 186 aldeas que fueron saqueadas, un 'Muro del Dolor' de mármol negro construido y una 'llama eterna' para representar a los valientes bielorrusos cuyas vidas se perdieron durante la guerra.

Una estatua de 20 pies de Iosif Kaminsky, el único adulto sobreviviente de la masacre, ocupa la entrada al complejo; se muestra que la estatua sostiene al hijo muerto de Kaminsky.

. . .

Lo que la mayoría de las narrativas no dan cuenta es la existencia de aquellos bielorrusos que dieron abiertamente la bienvenida a la ocupación alemana porque creían que las fuerzas alemanas los liberarían del dominio soviético.

Las autoridades soviéticas bajo Stalin habían infundido miedo entre los civiles bielorrusos; por ejemplo, la Gran Purga de Stalin de fines de la década de 1930 había dejado más de 30,000 civiles bielorrusos de Kurapaty muertos.

Las atrocidades cometidas por los nazis llevaron a la mayoría de los bielorrusos a recordar estos eventos de manera selectiva, y el culto y el mito de la Gran Guerra Patriótica solo se sumaron a este fenómeno de memoria selectiva.

Muchos eruditos escribieron acerca de cómo para muchos bielorrusos, los soviéticos trajeron civilización, modernidad, progreso social, atención médica, alfabetización y "todo ese jazz", como resultado, la restauración del gobierno soviético después de que los nazis se fueran fue vista como una "liberación legítima".

Muchos académicos creen que la masacre de Khatyn había sido explotada para encubrir la previa masacre del bosque de Katyn, que fue un incidente que tuvo lugar en la primavera de 1940, cuando las fuerzas de la policía secreta soviética reunieron a miles de oficiales polacos, los masacraron y los enterraron en una fosa común que permaneció sin descubrir hasta 1943.

En 1943, los alemanes revelaron al mundo que habían descubierto una fosa común en el bosque de Katyn. Se enviaron representantes del gobierno polaco en el exilio para inspeccionar el sitio; decidieron que los soviéticos, no los nazis, eran los responsables.

Sin embargo, estos representantes fueron presionados para que mantuvieran sus informes en secreto porque Estados Unidos y Gran Bretaña no querían entrar en un conflicto diplomático con los soviéticos en ese momento.

Una vez finalizada la Segunda Guerra Mundial, los propagandistas alemanes utilizaron la Masacre de Katyn como ejemplo de las atrocidades soviéticas.

Stalin, quien era líder soviético en ese momento, negó con vehemencia los cargos y afirmó que los nazis habían llevado a cabo la masacre. El problema permaneció sin resolver durante los siguientes 40 años hasta que la política de apertura de Gorbachov lo instó a abordar con franqueza los acontecimientos que habían ocurrido durante el período de Stalin. Los funcionarios soviéticos creían que una admisión y una disculpa aliviarían las crecientes tensiones entre ellos y Polonia.

14

Jabón

EL PROFESOR RUDOLF MARIA SPANNER es recordado principalmente por la colección de cuentos de Zofia Nałkowska titulada "Medallones". En una de las historias, la autora presentó experimentos inhumanos cometidos durante el Holocausto como la producción de jabón a partir de grasa humana y la preparación de piel humana. El procedimiento tuvo lugar durante la Segunda Guerra Mundial en el Instituto Anatómico de la Academia Médica de Gdańsk, dirigido por Spanner.

Spanner nació en 1895 en Metternich (desde 1937 un distrito de Koblenz). Después de aprobar sus exámenes finales en 1912, estudió medicina en las universidades de Lovaina, Ginebra y Frankfurt am Main.

Durante la Primera Guerra Mundial, fue condecorado con la Cruz de Hierro de segunda clase, y después de un descanso de cuatro años, continuó sus estudios en Bonn y Colonia, recibiendo un diploma de médico en 1920.

Después de completar sus estudios, inicialmente comenzó a trabajar en la Universidad de Colonia, y luego asumió el cargo de asistente en el Instituto de Anatomía de la Universidad de Frankfurt am Main.

En 1936 se unió al Partido Nacional Socialista de los Trabajadores Alemanes (NSDAP), recibiendo el número de miembro 2733605. El 1 de enero de 1940, Spanner asumió el cargo de director del Instituto de Anatomía de Gdańsk y luego comenzó a comprar cadáveres, que luego se prepararon y utilizaron como material visual y científico, como esqueletos.

Como resultado de acuerdos y arreglos, el Instituto recibió cadáveres de personas condenadas a muerte y ejecutadas en prisión en Gdańsk, así como en Königsberg y Elbląg, los cuerpos de prisioneros del campo de concentración de Stutthof y prisioneros de guerra soviéticos, y finalmente pacientes del hospital psiquiátrico de Kocborów cerca de Starogard Gdański, que murieron o fueron asesinados, reconocidos como menos valiosos a la luz de la eugenesia nazi.

Inicialmente, el Instituto pagó 15 marcos por un cadáver, de los cuales 5 fueron para los empleados de la fábrica de Kocbor. Posteriormente, el pago se redujo a 9 marcos, de los cuales el personal recibió 4 marcos y el resto se pagó al hospital.

. . .

Se dice que el primer lote de "jabón" se produjo en febrero de 1944. La grasa se había recolectado desde septiembre de 1943, durante cinco meses: 70 a 80 kilogramos de grasa de aproximadamente 400 cadáveres.

De la grasa obtenida se elaboraron poco más de 25 kilogramos de "jabón" que, según testigos, servía, entre otros, para mantener la limpieza en la sala de disección.

El 20 de octubre de 1944, el único hijo del profesor Spanner, el cabo Karl Reinhard, de 19 años, murió en Hungría. Aparentemente, después de esta pérdida, Spanner perdió su entusiasmo por el trabajo científico durante algún tiempo.

El 30 de enero de 1945, en relación con el frente que se aproximaba, el profesor Spanner abandonó Gdańsk, dejando todo lo que pudiera entorpecer su viaje, incluidos los preparativos, los resultados de las pruebas y los libros.

La Comisión Principal para el Enjuiciamiento de Crímenes contra la Nación Polaca en Gdańsk llevó a cabo una investigación para determinar si durante la Segunda Guerra Mundial, en el Instituto de Anatomía de la Academia Médica de Gdańsk, dirigido por el profesor Rudolf Maria Spanner, se cometieron asesinatos y se llevaron a cabo pseudo-experimentos médicos, en particular consistentes en la producción de jabón a partir de grasa humana y objetos utilitarios a partir de piel humana.

. . .

En abril de 1945, inmediatamente después de la ocupación de Gdańsk por el ejército soviético, representantes de la administración polaca comenzaron a asegurar los edificios y propiedades de varias instituciones locales, incluida la Academia de Medicina. El estado de las instalaciones del Instituto de Anatomía suscitó especial interés.

Según los especialistas, se encontraron indicios que permitían sospechar que allí se realizaban actividades que nada tienen que ver con la labor científica o didáctica. Estas hipótesis fueron confirmadas por un trabajador de laboratorio llamado Aleksy Opiński, un ex empleado de la Academia que regresó al trabajo y declaró que en el Instituto se fabricaba jabón con grasa humana.

Spanner no se escondió después de salir de Gdańsk. Inicialmente, trabajó como médico en Ostenfeld (Schleswig-Holstein). Luego se mudó a Hamburgo. En mayo de 1947, después de que se publicaran artículos de prensa sobre el juicio de Nuremberg, los vecinos de la casa de vecindad lo reconocieron.

Fue interrogado por la policía y escuchado en el tribunal. Afirmó que la sustancia similar al jabón era un subproducto de la maceración (latín *maceratio* - ablandamiento) y que la gente sacaba conclusiones apresuradamente.

El 12 de diciembre de 1948, el departamento de desnazificación de Colonia incluyó a Spanner en la categoría "*entlastet*" (limpiado). Se le permitió volver a trabajar en la universidad. Primero trabajó en Friburgo y desde mediados de 1949 en Colonia, en la clínica de la universidad.

Spanner tenía muy buen contacto con los estudiantes, con quienes se reunía a menudo en un pequeño café cerca de Anatomicum. En la década de 1950, el café incluso se conocía como Cafe Spanner.

Los estudiantes lo recordaban como un profesor pensativo, vestido con un delantal demasiado largo, moviéndose por el laboratorio, la sala de preparación y la biblioteca. Su rasgo característico era el hecho de que a menudo no usaba guantes cuando realizaba secciones.

Su correspondencia mostró que estaba cargado de discusiones y publicaciones en las que su nombre aparecía en el contexto del jabón humano. Consideró mentiras los informes sobre el uso de cabello humano para la producción de cuerdas y la adquisición de coronas dentales de metales preciosos de cadáveres (sin embargo, totalmente confirmados).

En 1957, se convirtió en director del Instituto de Anatomía de Colonia. Perfeccionó el aclamado atlas anatómico de Werner Spalteholz. El atlas, con los nombres de Spalteholz y Spanner, todavía se usa hoy. Spanner no terminó su trabajo en el segundo volumen. El 31 de agosto de 1960 murió de un infarto. Su cuerpo fue incinerado y las cenizas fueron enterradas en el cementerio Bergerdorf de Hamburgo.

. . .

En 2002, el Instituto de la Memoria Nacional retomó la investigación del caso del profesor. Se decidió volver a examinar las muestras de jabón. Los análisis de expertos realizados por el profesor Andrzej Stołyhwo de la Universidad Tecnológica de Gdańsk mostraron que el jabón podría haberse hecho con grasa humana.

El 20 de noviembre de 2006, el fiscal Piotr Niesyn del Instituto de la Memoria Nacional finalizó la investigación por falta de pruebas. Tampoco encontró razón alguna para afirmar que Spanner incitaba a las matanzas para conseguir más cadáveres para el Instituto. En cambio, afirmó que en 1944 y 1945, se obtuvo "una sustancia química que era esencialmente jabón" de la grasa humana.

En 2006 se publicó el libro "Profesor Rudolf Spanner 1895-1960. Científico en el Tercer Reich". Sus autores son la doctora Monika Tomkiewicz, y el profesor Piotr Semków. Los autores refutan la tesis del escritor de que en el instituto dirigido por Spanner había una fábrica secreta de jabón elaborado con grasa humana. El tema es muy complicado y lleno de misterios, que lamentablemente no somos capaces de resolver.

El historiador Joachim Neander afirma que incluso los académicos que rechazan las afirmaciones antes mencionadas de que los alemanes fabricaban jabón a partir de grasa humana y lo producían en masa a veces todavía están convencidos de que los alemanes intentaron producir jabón "experimentalmente" a menor escala en Danzig y que esta afirmación todavía se repite como un hecho firme en varios contextos de recuerdo.

Sin embargo, él coincide con los historiadores polacos Monika Tomkiewicz, que trabaja en el departamento de investigación del Instituto de la Memoria Nacional (IPN por sus siglas en polaco) en Gdańsk, y Piotr Semków, anteriormente también empleado del IPN, luego profesor en la Academia Naval de Gdynia, quienes investigaron a fondo las afirmaciones sobre el Instituto Anatómico de Danzig.

Todos han concluido que las afirmaciones sobre la fabricación de jabón relacionadas con el Holocausto que lo rodean también son mitos, particularmente cimentados en la conciencia polaca por el libro Medaliony de Zofia Nałkowska de 1946, que era de lectura obligatoria en Polonia hasta 1990, estuvo ampliamente distribuida en el Bloque del Este y sigue siendo popular hoy en día.

Según Neander, Tomkiewicz y Semków, el "jabón", hecho a partir de cadáveres humanos, efectivamente surgió en el instituto de Danzig, pero esto no estaba relacionado con los presuntos crímenes relacionados con el Holocausto de "cosechar" judíos o polacos para hacer jabón, ya que la conexión entre "el Holocausto" por un lado y el "jabón de Danzig" por el otro existe solo a través de los falsos rumores confirmados de "jabón de campo de concentración" que circularon durante la guerra.

La idea de que el Instituto Anatómico de Danzig y el trabajo del Dr. Spanners en él estaban relacionados con el Holocausto surgió originalmente de los hallazgos de cuerpos y procesos de maceración ósea en la creación de modelos anatómicos en un pequeño edificio de ladrillos en la premisa del instituto anatómico.

Esto, y la grasa jabonosa creada para inyectar en las articulaciones flexibles de los modelos, fue utilizada por los soviéticos y la recién establecida Comisión Principal de Polonia para el Enjuiciamiento de Crímenes contra la Nación Polaca como prueba de la producción humana de jabón en los campos de concentración nazis.

Estas últimas afirmaciones se habían presentado como un hecho y se habían convertido en una frase común en la propaganda soviética, pero de las cuales no se pudo encontrar evidencia en los campos liberados. El "jabón humano" de la maceración de huesos encontrados en Danzig se combinó con los rumores separados sobre los campos de concentración nazis y se presentaron juntos durante los juicios de Nuremberg.

Semków afirma que la presencia de tejido adiposo humano sí ha sido confirmada en las muestras de jabón de Danzig presentadas durante la prueba a través de análisis de superficie realizados por el IPN y la Universidad Tecnológica de Gdańsk y en 2011 y 2006, respectivamente, pero su investigación y la de Tomkiewicz concluyeron que la grasa jabonosa presentada en los juicios (afirmada como "jabón sin terminar") era un subproducto derivado del trabajo de Spanner en la maceración ósea.

El IPN también sostuvo que se produjeron al menos 10 kg de jabón a partir de grasa humana, proveniente del campo de concentración de Stutthof, con base en los testimonios antes mencionados entregados en 1945 y la presencia de caolín en las muestras indicaba su posible uso como jabón de limpieza debido a sus cualidades abrasivas, pero suspendió la investigación penal de este por falta de fundamentos para afirmar que Spanner había incitado a la matanza para obtener cadáveres para el Instituto.

Con respecto a la presencia de caolín, cuya abrasividad también ha sido criticada por no ser adecuada para juntas de modelos flexibles, Tomkiewicz y Semków señalaron que Spanner había realizado investigaciones previamente sobre inyecciones de caolín en cadáveres, lo que significa que el caolín encontrado en el jabón podría haber venido del propio cadáver, en lugar de un aditivo posterior.

Neander también señala que los testimonios de 1945 eran contradictorios y poco realistas, como un testimonio del 12 de mayo de 1945 que afirmaba que se obtenían 75 kg de grasa y se producían 8 kg de jabón desde la primera ebullición, así como un testimonio del 28 de mayo de 1945 que afirmaba que de 40 a 70 cuerpos se produjeron 80 kg de grasa y de ambas cocciones se produjeron 25 kg de jabón, y un testimonio del 7 de junio de 1945 que afirmaba que de ambas cocciones se producían 40 kg de jabón.

Estas inconsistencias fueron incluso señaladas ante la Comisión Principal. Otros testimonios también fueron señalados y descritos como "contradictorios y no concluyentes" en un informe de 1990 que fue compilado por el Museo Conmemorativo del Holocausto recientemente establecido en Washington DC, que mantiene una postura cautelosa con respecto al problema del jabón de Danzig.

Neander concluye que no se realizaron investigaciones ni experimentos sobre la fabricación de jabón en Danzig, que los cadáveres que se entregaron para ser hervidos y convertidos en modelos anatómicos eran todos los cadáveres de alemanes que no habían sido asesinados para "cosechar" sus cuerpos y que el único jabón creado fue un subproducto de esto.

También concluye que lo que el IPN denominó la "sustancia química que era esencialmente jabón", obtenida de la grasa humana, fue utilizada para fines de limpieza de laboratorios hacia el final de la guerra, siendo Spanner, al frente del instituto, el responsable de esto.

Sin embargo, tal manipulación de cadáveres equivalía a un delito menor en contraposición a cualquier comportamiento delictivo, y mucho menos un crimen de lesa humanidad o participación en cualquier actividad genocida, algo que hoy se reconoce oficialmente en Polonia.

Las opiniones ante esto se encuentran divididas hoy en día, y la falta de pruebas concluyentes hace que este caso persista como una duda constante en la memoria colectiva.

15

Lámparas

ILSE KOCH, cuyo nombre de nacimiento fue Margarete Ilse Köhler, nació en Dresde, Alemania, el 22 de septiembre de 1906, siendo capataz de una fábrica. Su infancia fue completamente normal: los maestros la notaron educada y feliz, y a los 15 años, Koch ingresó a la escuela de contabilidad, una de las pocas oportunidades educativas para las mujeres en ese momento.

Comenzó a trabajar como empleada de contabilidad en un momento en que la economía de Alemania luchaba por reconstruirse después de la Primera Guerra Mundial y, a principios de la década de 1930, ella y muchos de sus amigos se unieron al Partido Nazi.

El partido, y la ideología de Hitler, eran atractivos para los alemanes ante todo porque parecían ofrecer soluciones a la gran cantidad de dificultades que enfrentó el país después de perder la Gran Guerra.

Así, al principio, el Partido Nazi se centró principalmente en poner al pueblo alemán en contra de la democracia, específicamente, los primeros políticos de la República de Weimar, lo que, en su opinión, era la raíz de por qué habían perdido la guerra.

Hitler fue un orador convincente, y su promesa de abolir el Tratado de Versalles, profundamente impopular, que desmilitarizó parte del país y luego lo obligó a pagar reparaciones masivas e inasequibles mientras intentaba recuperarse de las calamidades de la guerra, atrajo a muchos alemanes que estaban luchando tanto con la identidad como para llegar a fin de mes.

Koch, que ya era muy consciente del clima económico penoso, probablemente sintió que el Partido Nazi restauraría y tal vez incluso reforzaría la economía tensa. En cualquier caso, fue su participación en el partido lo que le presentó a su futuro marido, Karl Otto Koch. Se casaron en 1936.

Al año siguiente, Karl fue nombrado Comandante del campo de concentración de Buchenwald cerca de Weimar, Alemania. Fue uno de los primeros y más grandes de los campos, inaugurado poco después de Dachau. La puerta de hierro que conducía al campo decía *Jedem das Seine*, que literalmente significaba "a cada uno lo suyo", pero tenía la intención de ser un mensaje para los prisioneros: "Todos obtienen lo que se merecen".

. . .

Ilse Koch aprovechó la oportunidad de involucrarse en el trabajo de su esposo y durante los años siguientes se ganó la reputación de ser una de las nazis más temidas en Buchenwald. Su primera orden del día había sido usar el dinero robado a los prisioneros para construir un estadio deportivo cubierto de $62,500 (alrededor de $1 millón en dinero de hoy) donde podía montar a caballo.

Koch a menudo tomaba este pasatiempo fuera de la arena y dentro del campo mismo, donde se burlaba de los prisioneros hasta que la miraban, momento en el cual los azotaba. Los sobrevivientes del campo recordaron más tarde, durante su juicio por crímenes de guerra, que ella siempre parecía particularmente emocionada por enviar niños a la cámara de gas.

Su otro pasatiempo, que más tarde se convertiría en un importante punto de discusión durante los Juicios de Nuremberg, fue su colección de pantallas de lámparas, cubiertas de libros y guantes, que se dice que estaban hechos de piel humana.

Los testigos recordaron más tarde que Ilse Koch a menudo paseaba a caballo por los campos para buscar a los prisioneros que tenían tatuajes distintivos. El prisionero sería despojado de su piel antes de ser incinerado, y Koch supuestamente mantenía la piel en exhibición en su casa con el Comandante.

. . .

Estos artefactos se recuperaron después de la liberación del campo y sirvieron como evidencia clave durante su juicio.

Ella y su esposo fueron arrestados el 24 de agosto de 1943 en Buchenwald por cargos de malversación y asesinato de prisioneros. A pesar del asesinato en masa de prisioneros por parte de los nazis y sus tortuosos experimentos médicos, incluso los nazis no encontraron los métodos de tormento de los Koch adecuados a su ideología, aunque principalmente porque cualquier castigo tenía que ser aprobado por la oficina principal en Oranienburg, y los Koch estaban actuando por voluntad propia.

También se alegó que el comandante Koch había ordenado la ejecución del camillero que le había diagnosticado y tratado de sífilis para que el secreto nunca se revelara. Frau Koch, mientras tanto, había tenido varios amantes en Buchenwald, y se aceptaba ampliamente que su matrimonio con el Comandante había sido abierto.

Mientras que el Comandante Koch fue sentenciado a muerte apenas una semana antes de la liberación de Buchenwald, Frau Koch fue absuelta, principalmente debido a la falta de pruebas, específicamente, porque los investigadores no pudieron probar que las pantallas de las lámparas y otros artículos en realidad estuviesen hechas de piel humana. Por su parte, Ilse insistió en que estaban hechos de piel de cabra.

. . .

Después de la liberación del campo en 1945, se comenzó a correr la voz sobre la participación sádica de Frau Koch, como los sobrevivientes la recordaron en entrevistas. El público presionó al tribunal para que la llevara a juicio nuevamente.

Ilse Koch fue llevada ante el Tribunal General Militar Gubernamental para el Juicio de Criminales de Guerra en 1947. En el estrado, anunció que estaba embarazada de ocho meses, lo que fue una sorpresa por dos razones. En primer lugar, no había tenido contacto con ningún hombre excepto con los interrogadores estadounidenses, muchos de los cuales eran judíos, antes de su juicio y, en segundo lugar, tenía 41 años.

A pesar de su embarazo, fue acusada de "participar en un plan criminal para ayudar, instigar y participar en los asesinatos en Buchenwald" y sentenciada a cadena perpetua por "violación de las leyes y costumbres de la guerra".

Había dado a luz a un hijo con el comandante Koch antes de su arresto, y el segundo hijo, cuyo padre se desconocía, nació mientras estaba en prisión. Sus dos hijos fueron a hogares de acogida.

Dos años después de su condena, el general Lucius D. Clay, gobernador militar interino de la Zona Americana en Alemania, redujo su sentencia a cuatro años. Según Clay, la reducción se produjo porque "no había pruebas convincentes de que hubiera seleccionado reclusos para el exterminio con el fin de obtener pieles tatuadas, o que poseyera algún artículo hecho de piel humana".

El tribunal sostuvo que, después de todo, tal vez los artículos habían sido hechos de piel de cabra, y la liberaron. Sin embargo, el General declaró: *"No tengo ninguna simpatía por Ilse Koch.*
Era una mujer de carácter depravado y mala reputación. Había hecho muchas cosas reprobables y punibles, sin duda, según la ley alemana. No la estábamos juzgando por esas cosas. La estábamos juzgando como criminal de guerra por cargos específicos".

El público estaba horrorizado por su liberación y fue arrestada nuevamente poco después. Durante su segundo juicio, que comenzó en 1950, se derrumbó con frecuencia y tuvo que ser retirada de la corte. Durante el juicio se escucharon más de 250 testigos, incluidos 50 de la defensa.

Cuatro de los testigos declararon que habían visto a Koch seleccionando prisioneros específicamente por sus tatuajes, o que habían visto o participado en la fabricación de pantallas de lámparas de piel humana. Como había sucedido anteriormente debido a la falta de pruebas, este cargo finalmente se retiró.

El 15 de enero de 1951, la Corte emitió su veredicto en una decisión de 111 páginas. Koch no estuvo presente. Fue condenada por "cargos de incitación al asesinato, incitación a la tentativa de asesinato e incitación al delito de cometer lesiones corporales graves", y nuevamente sentenciada a cadena perpetua con pérdida permanente de todos los derechos civiles.

Durante su tiempo en prisión, solicitó apelaciones en varias ocasiones, pero siempre fue desestimada. Incluso protestó ante la Comisión Internacional de Derechos Humanos, pero fue rechazada.

Mientras estaba en prisión, su hijo Uwe, que había sido concebido durante su encarcelamiento en Dachau, descubrió que ella era su madre. Él fue a visitarla a menudo a la prisión durante los años siguientes en Aichach, la prisión donde ella cumplía cadena perpetua.

El 1 de septiembre de 1967, Ilse Koch se suicidó en prisión. Al día siguiente, Uwe llegó para su visita y se sorprendió al descubrir que había muerto. Fue enterrada en una tumba desatendida y sin nombre en el cementerio de la prisión.

Las pantallas de las lámparas nunca se han recuperado y muchos historiadores parecen dudar de su existencia. Sin embargo, un escritor, también judío, llamado Mark Jacobson se ha propuesto como misión autenticar su existencia. Su sombría búsqueda comenzó cuando un hombre llamado Skip Hendersen compró una pantalla de lámpara promocionada como una reliquia nazi en una venta de garaje posterior al huracán Katrina.

. . .

Hendersen se lo envió a Jacobson, quien incluso viajó con él a Buchenwald, pero no ha podido determinar definitivamente su origen. Las pruebas de ADN realizadas inicialmente revelaron que la pantalla de la lámpara probablemente estaba hecha de piel humana, pero las pruebas posteriores revelaron que es más probable que la pantalla esté hecha de piel de vaca. Parece, al final, que este fue un secreto que la Bruja de Buchenwald se llevó consigo a la tumba.

16

Nacht und Nebel

NACHT UND NEBEL (alemán para "Noche y Niebla" - una referencia directa a un hechizo "Tarnhelm", del Rheingold de Wagner) fue una directiva (del idioma alemán: Erlass) de Adolf Hitler el 7 de diciembre de 1941 que originalmente tenía la intención de eliminar a todos los activistas políticos y "ayudantes" de la resistencia, "cualquiera que ponga en peligro la seguridad alemana" (die deutsche Sicherheit gefährden) en los territorios ocupados por la Alemania nazi.

Dos meses después, el Alto Mando de las Fuerzas Armadas Feldmarschall Wilhelm Keitel lo amplió para incluir a todas las personas en los países ocupados que habían sido detenidas y seguían con vida ocho días después. El decreto estaba destinado a intimidar a las poblaciones locales para que se sometieran negando a los amigos y familiares de los desaparecidos cualquier conocimiento sobre su paradero o destino.

. . .

Los prisioneros fueron transportados en secreto a Alemania, desapareciendo sin dejar rastro. En 1945, se descubrió que los registros incautados de *Sicherheitsdienst* (SD) incluían simplemente nombres y las iniciales NN (Nacht und Nebel); incluso los sitios de las tumbas no estaban registrados. Hasta el día de hoy, no se sabe cuántos miles de personas desaparecieron como resultado de esta orden.

El Tribunal Militar Internacional de Nuremberg sostuvo que las desapariciones cometidas como parte del programa Nacht und Nebel fueron crímenes de guerra que violaron tanto las Convenciones de La Haya como el derecho internacional consuetudinario.

Incluso antes de que el Holocausto ganara impulso, los nazis habían comenzado a reunir a prisioneros políticos tanto de Alemania como de la Europa ocupada. La mayoría de los primeros prisioneros eran de dos tipos: eran prisioneros de convicción personal (creencia), prisioneros políticos a quienes los nazis consideraban que necesitaban "reeducación" según los ideales nazis o líderes de la resistencia en la Europa occidental ocupada.

Hasta el momento del decreto "Noche y Niebla", los soldados alemanes trataban a los prisioneros de Europa occidental aproximadamente de la misma manera que lo hacían otros países: de acuerdo con acuerdos y procedimientos nacionales como la Convención de Ginebra. Sin embargo, Hitler y su personal de nivel superior tomaron la decisión crítica de no tener que ajustarse a lo que consideraban reglas innecesarias.

Esta política, aplicada en los países ocupados, significaba que cada vez que arrestaban a alguien, la familia no sabría nada sobre su destino. Las personas arrestadas, a veces solo presuntos resistentes, fueron enviadas en secreto a Alemania y quizás a un campo de concentración. Ya sea que vivieran o murieran, los alemanes no darían información a las familias de los sospechosos. Esto se hizo para mejorar la prevención del arresto y para mantener a la población tranquila fuera de una atmósfera de terror y miedo misteriosos.

El 7 de diciembre de 1941, el Reichsführer-SS Heinrich Himmler emitió las siguientes instrucciones a la Gestapo: *"Después de una larga consideración, es voluntad del Führer que se modifiquen las medidas tomadas contra los culpables de delitos contra el Reich o contra las fuerzas de ocupación en las áreas ocupadas. El Führer opina que, en tales casos, la servidumbre penal o incluso una sentencia de trabajos forzados de por vida se considerará un signo de debilidad. Sólo puede lograrse una disuasión eficaz y duradera mediante la pena de muerte o tomando medidas que dejen a la familia y a la población en la incertidumbre sobre la suerte del delincuente. La deportación a Alemania sirve para este propósito".*

El 12 de diciembre, Keitel emitió una directiva que explicaba las órdenes de Hitler: *"La intimidación eficaz y duradera sólo puede lograrse mediante la pena capital o mediante medidas en las que los familiares de los delincuentes no conozcan la suerte que ha corrido el delincuente".*

. . .

Amplió aún más este principio en una carta de febrero de 1942 en la que afirmaba que los prisioneros que no fueran ejecutados dentro de los ocho días serían transportados a Alemania en secreto, y el tratamiento adicional de los delincuentes se llevaría a cabo ahí. Estas medidas tendrían un efecto disuasorio porque: a) los prisioneros desaparecerán sin dejar rastro, b) no se podría dar información sobre su paradero o destino.

Los prisioneros de Noche y Niebla eran en su mayoría de Francia, Bélgica, los Países Bajos y Noruega. Por lo general, los arrestaban en medio de la noche y los llevaban rápidamente a prisiones a cientos de millas de distancia para interrogarlos, y finalmente llegaban a campos de concentración como como Natzweiler, Esterwegen o Gross-Rosen, si sobrevivían.

Hasta el 30 de abril de 1944, al menos 6,639 personas fueron capturadas bajo las órdenes de Nacht und Nebel. Unos 340 de ellos pueden haber sido ejecutados. La película Noche y Niebla de 1955, dirigida por Alain Resnais, utiliza el término para ilustrar un aspecto del sistema de campos de concentración transformado en un sistema de campos de trabajo y muerte.

El programa hizo que fuera mucho más difícil para otros gobiernos u organizaciones humanitarias acusar al gobierno alemán de una mala conducta específica porque oscurecía si el internamiento o la muerte habían ocurrido o no, y mucho menos era posible saber la causa de ese internamiento o muerte. Por lo tanto, evitó que los nazis rindieran cuentas.

Permitió el desafío silencioso y generalizado de los tratados y convenciones internacionales: uno no puede aplicar los límites y términos del trato humano en la guerra si no puede localizar a una víctima o discernir el destino de esa víctima.

Además, disminuyó los escrúpulos morales de los súbditos alemanes sobre el régimen nazi, así como su deseo de hablar en contra de él, al mantener al público en general ignorante de las fechorías del régimen y al crear una presión extrema para que los miembros del servicio permanecieran en silencio.

Se sabe que se afeitó el cabello de los prisioneros de Nacht und Nebel y se les dio a las mujeres un disfraz de convicto compuesto por un vestido de algodón fino, sandalias de madera y un tocado negro triangular. Los prisioneros a menudo eran trasladados aparentemente al azar de una prisión a otra, como la prisión de Fresnes en París, Waldheim cerca de Dresde, Leipzig, Potsdam, Lübeck y Stettin.

Los deportados a veces eran conducidos de a 80 a la vez con espacio solo para estar de pie en camiones de ganado sucios y de movimiento lento con poca o ninguna comida o agua en viajes que duraban hasta cinco días hasta su próximo destino desconocido. En un día promedio, los prisioneros debían ser despertados a las 5:00 a.m. y obligados a trabajar una jornada de doce horas con solo un descanso de veinte minutos para una comida escasa.

. . .

Cuando los aliados liberaron París y Bruselas, las SS decidieron vengarse mientras aún podían y muchos de los prisioneros de Nacht und Nebel fueron trasladados a campos de concentración como el campo de concentración para mujeres de Ravensbrück, el campo de concentración de Mauthausen-Gusen, el campo de concentración de Buchenwald, Schloss Hartheim, o el campo de concentración de Flossenbürg.

En los campos, los prisioneros eran obligados a permanecer de pie durante horas en condiciones heladas y húmedas a las 5:00 todas las mañanas, de pie estrictamente, antes de ser puestos a trabajar todo el día.

Fueron mantenidos en condiciones de frío y hambre, muchos con disentería u otras enfermedades y los más débiles a menudo fueron golpeados hasta la muerte, fusilados, guillotinados o ahorcados, mientras que los demás fueron torturados por los alemanes.

Cuando los reclusos estaban totalmente exhaustos, después de haber trabajado durante 12 horas al día, o si estaban demasiado enfermos o demasiado débiles para trabajar, eran trasladados al Revier ("Krankenrevier", cuartel de enfermos) u otros lugares para su exterminio.

. . .

Si un campo no tenía una cámara de gas propia, los llamados Muselmänner, o prisioneros que estaban demasiado enfermos para trabajar, a menudo eran asesinados o trasladados a otros campos de concentración para su exterminio.

El resultado, incluso al principio de la guerra, fue facilitar la ejecución de prisioneros políticos, especialmente prisioneros militares soviéticos, quienes a principios de 1942 superaban en número a los judíos en número de muertes incluso en Auschwitz.

A medida que crecían los transportes y las tropas de Hitler se movían por Europa, esa proporción cambió drásticamente. El Decreto Noche y Niebla se llevó a cabo subrepticiamente, pero sentó las bases para las órdenes que seguirían. A medida que continuaba la guerra, también lo hizo la apertura de tales decretos y órdenes.

Probablemente sea correcto suponer, a partir de varios escritos, que al principio el público alemán sabía solo un poco de los planes insidiosos que tenía Hitler para un "Nuevo Orden Europeo". A medida que pasaron los años, a pesar de los mejores intentos de Goebbels y el Ministerio de Propaganda con su formidable control de la información interna, no cabe duda de los diarios y periódicos de la época de que la información sobre la dureza y la crueldad se hizo progresivamente conocida por el público alemán.

. . .

Aunque los archivos capturados del SD contienen numerosas órdenes estampadas con "NN" (Nacht und Nebel), nunca se ha determinado exactamente cuántas personas desaparecieron como resultado del decreto.

Keitel testificó más tarde en los Juicios de Nuremberg que, de todas las órdenes ilegales que había llevado a cabo, el Decreto Noche y Niebla fue "el peor de todos". En parte debido a su papel en la ejecución de este decreto, Keitel fue ahorcado en 1946.

17

Fosas Ardeatinas

El 23 de marzo de 1944, día que marcó el 25 aniversario de la fundación del movimiento fascista de Mussolini, 17 miembros de una célula de resistencia, el Grupo de Acción Patriótica (*Gruppi d'Azione Patriotica*, o GAP), bajo el liderazgo de Rosario Bentivegna, detonó una bomba cerca de una columna de policías que marchaban por la Via Rasella en la Roma ocupada por los alemanes.

Los agentes de la resistencia, que tenían vínculos con el movimiento comunista clandestino de Italia, se dispersaron entre la multitud de transeúntes y evadieron la captura. La unidad de policía atacada, un batallón de la 11ª Compañía, Regimiento de Policía de Bozen, estaba compuesta en gran parte por personal de la Policía del Orden de habla alemana del antiguo Tirol del Sur, anexada por Italia a Austria en virtud del Tratado de St. Germain en 1919 y anexada de nuevo a Alemania cuando los alemanes ocuparon Italia en 1943.

• • •

Veintiocho policías murieron en el lugar; al día siguiente habían muerto treinta y tres policías. El número final de muertos se elevaría a cuarenta y dos policías, con bajas adicionales entre los transeúntes civiles.

En la noche del 23 de marzo, el Comandante de la Policía de Seguridad y el Servicio de Seguridad (Sicherheitsdienst-SD) en Roma, el Teniente Coronel de las SS, Herbert Kappler, y el Teniente General, Kurt Mälzer, el comandante de la Wehrmacht en Roma, recomendaron una acción de represalia en la que se fusilaba a diez civiles italianos por cada policía muerto en la acción guerrillera.

Sugirieron que las víctimas potenciales fueran extraídas de individuos ya condenados a muerte y en espera de ejecución en prisiones de la Policía de Seguridad y SD. El coronel general Eberhard von Mackensen, comandante del Decimocuarto Ejército, cuya jurisdicción incluía Roma, aprobó la propuesta.

Al enterarse del ataque a los policías esa noche, Adolf Hitler supuestamente sugirió la destrucción de Roma. Los acusados de perpetrar la masacre afirmaron después de la guerra que Hitler finalmente respaldó el plan de represalia de Kappler y Mälzer. Sin embargo, hay evidencia que sugiere que Hitler rápidamente perdió interés en el asunto y dejó la decisión final al Coronel General Alfred Jodl, Jefe del Estado Mayor de Operaciones del Alto Mando de las Fuerzas Armadas (Oberkommando der Wehrmacht, u OKW).

· · ·

Cualquiera que fuese el nivel real de participación de Hitler, el mariscal de campo Albert Kesselring, comandante en jefe del Sur, presumiblemente interpretó la reacción inicial de Hitler como una guía y autorizó el plan de represalia como se sugirió originalmente.

Al día siguiente, 24 de marzo de 1944, el personal de la sede de la Policía de Seguridad y SD en Roma, dirigido por el Capitán de las SS Erich Priebke y el Capitán de las SS Karl Hass, reunió a 335 civiles italianos cerca de una serie de cuevas artificiales en las afueras de Roma en la Vía Ardeatina.

Las *Fosse Ardeatine*, o Fosas Ardeatinas, eran los restos de las antiguas catacumbas cristianas y servían como un lugar conveniente para llevar a cabo los fusilamientos de represalia en secreto y para ocultar los cuerpos de las víctimas.

Priebke y Hass habían recibido órdenes de seleccionar a las víctimas entre los presos que ya habían sido condenados a muerte; pero el número de tales prisioneros estuvo muy por debajo de las 330 muertes requeridas para cumplir con la cuota del plan de represalia alemán.

Por lo tanto, los agentes de la Policía de Seguridad agregaron presos que cumplían penas de prisión, muchos de ellos por delitos políticos, así como personas conocidas o sospechosas de haber participado en actividades de resistencia.

Los alemanes también incluyeron 75 prisioneros judíos, muchos de ellos recluidos en la prisión romana de Regina Coeli al grupo marcado por asesinato. Para alcanzar la cuota requerida, reunieron a los civiles que se encontraban en las calles de Roma. El mayor de los rehenes tenía unos setenta años; los más jóvenes quince.

Mientras el grupo se reunía en la cueva, Priebke y Hass descubrieron que sin darse cuenta habían reunido a 335 prisioneros, en lugar de los 330 prescritos en la orden. Los hombres de las SS decidieron que liberar a los cinco rehenes podría comprometer el secreto de la acción e incluyeron a los cinco entre sus víctimas.

Los destinados a ser asesinados llegaron a las cuevas con las manos atadas a la espalda. Antes de llegar al lugar, Priebke y Hass habían decidido no utilizar el método tradicional de ejecución por fusilamiento. En cambio, instruyeron a los tiradores para que eligieran una víctima y le dispararan a quemarropa, ahorrando tiempo y municiones.

Los oficiales de la policía alemana llevaron a las víctimas a la cueva y las obligaron a arrodillarse en filas de cinco. Los tiradores luego mataron a cada uno con un tiro a quemarropa en la base del cráneo; a medida que avanzaba el asesinato, los oficiales de policía alemanes obligaron a los rehenes a arrodillarse sobre los cuerpos de los que habían recibido disparos previamente, para conservar espacio.

Después de los disparos, Priebke y Hass ordenaron a los ingenieros que sellaran la boca de la cueva mediante la detonación de explosivos, matando a las víctimas que lograron sobrevivir y sepultando a los muertos.

Después de la guerra, las autoridades aliadas juzgaron a algunos de los responsables de la masacre de las cuevas de las Ardeatinas. En 1945, un tribunal militar británico condenó a los generales von Mackensen y Mälzer por su participación en la masacre y los condenó a muerte. Ambos apelaron con éxito para reducir sus sentencias.

Von Mackensen fue puesto en libertad en 1952. Mälzer murió en prisión ese mismo año. En 1947, un tribunal británico en Venecia condenó a muerte al mariscal Kesselring por los tiroteos en Ardeatine y por incitar a matar civiles. En 1952, sin embargo, Kesselring fue indultado.

En 1948, un tribunal militar italiano también condenó a Herbert Kappler a cadena perpetua por su papel en los asesinatos. En 1977, la esposa de Kappler logró sacar de contrabando a su esposo, a quien le habían diagnosticado cáncer terminal, de un hospital penitenciario en Roma de regreso a Alemania. Los funcionarios de la República

Federal de Alemania se negaron a extraditar a Kappler por motivos de mala salud y murió al año siguiente.

Erich Priebke pasó los primeros meses de la posguerra bajo custodia británica, pero logró huir a Argentina, donde vivió durante casi cincuenta años como un hombre libre.

En una entrevista televisiva de 1994 con el periodista de ABC, Sam Donaldson, Priebke habló abiertamente de su participación en la Masacre de las cuevas de Ardeatine y expresó poco remordimiento por sus acciones.

La transmisión impulsó a los funcionarios tanto de Argentina como de Italia a reabrir el caso contra él y su compañero oficial de las SS, Karl Hass. En 1995, las autoridades judiciales alemanas e italianas cooperaron para facilitar la extradición de Priebke a Italia.

Después de los procedimientos iniciales, en los que se dictaminó que había prescrito el delito, Priebke y Hass finalmente fueron juzgados en Italia en 1997. El tribunal italiano condenó a ambos, condenándolos a Priebke a quince años y a Hass a diez años de prisión. Debido al tiempo cumplido anteriormente, las autoridades liberaron a Hass y redujeron la sentencia de Priebke.

Priebke y sus abogados apelaron este veredicto. Como resultado, un tribunal de apelaciones militar italiano inició un nuevo juicio en 1998, en el que Priebke recibió cadena perpetua. Cumplió el resto de su condena bajo arresto domiciliario, hasta su muerte en octubre de 2013.

El sitio de la masacre en las Cuevas Ardeatinas en las afueras de Roma se ha convertido en un monumento nacional en Italia.

18

Extra: Juicios de Nuremberg

CELEBRADOS CON EL propósito de llevar ante la justicia a los criminales de guerra nazis, los juicios de Núremberg fueron una serie de 13 juicios llevados a cabo en Núremberg, Alemania, entre 1945 y 1949. Los acusados, que incluían a funcionarios del Partido Nazi y oficiales militares de alto rango junto con alemanes industriales, abogados y médicos, fueron acusados de crímenes contra la paz y crímenes contra la humanidad.

El líder nazi Adolf Hitler (1889-1945) se suicidó y nunca fue llevado a juicio. Aunque las justificaciones legales de los juicios y sus innovaciones procesales fueron controvertidas en ese momento, los juicios de Nuremberg ahora se consideran un hito hacia el establecimiento de una corte internacional permanente y un precedente importante para tratar casos posteriores de genocidio y otros crímenes contra humanidad.

. . .

En diciembre de 1942, los líderes aliados de Gran Bretaña, Estados Unidos y la Unión Soviética "emitieron la primera declaración conjunta en la que señalaban oficialmente el asesinato masivo de judíos europeos y resolvían enjuiciar a los responsables de la violencia contra la población civil", según Estados Unidos.

Joseph Stalin (1878-1953), el líder soviético, propuso inicialmente la ejecución de 50,000 a 100,000 oficiales del estado mayor alemán. El primer ministro británico Winston Churchill (1874-1965) discutió la posibilidad de una ejecución sumaria (ejecución sin juicio) de nazis de alto rango, pero los líderes estadounidenses lo persuadieron de que un juicio penal sería más efectivo.

Entre otras ventajas, los procesos penales requerirían la documentación de los delitos imputados a los acusados y evitarían acusaciones posteriores de que los acusados habían sido condenados sin pruebas.

Hubo muchas dificultades legales y procesales que superar para establecer los juicios de Nuremberg. En primer lugar, no había precedentes de un juicio internacional de criminales de guerra. Hubo casos anteriores de enjuiciamiento por crímenes de guerra, como la ejecución del oficial del ejército confederado Henry Wirz (1823-65) por maltratar a los prisioneros de guerra de la Unión durante la Guerra Civil Estadounidense (1861-65); y los consejos de guerra celebrados por Turquía en 1919-20 para castigar a los responsables del genocidio armenio de 1915-16.

Sin embargo, estos fueron juicios llevados a cabo de acuerdo con las leyes de una sola nación en lugar de, como en el caso de los juicios de Nuremberg, un grupo de cuatro potencias (Francia, Gran Bretaña, la Unión Soviética y los EE.UU.) con diferentes tradiciones y prácticas legales.

Los aliados finalmente establecieron las leyes y los procedimientos para los juicios de Nuremberg con la Carta de Londres del Tribunal Militar Internacional (IMT por sus siglas en inglés), emitida el 8 de agosto de 1945.

Entre otras cosas, la carta definía tres categorías de delitos: delitos contra la paz (incluida la planificación , preparar, iniciar o librar guerras de agresión o guerras en violación de acuerdos internacionales), crímenes de guerra (incluidas las violaciones de las costumbres o las leyes de la guerra, incluido el trato indebido de civiles y prisioneros de guerra) y crímenes de lesa humanidad (incluidos el asesinato, la esclavitud o deportación de civiles o persecución por motivos políticos, religiosos o raciales).

Se determinó que tanto funcionarios civiles como militares podían ser acusados de crímenes de guerra. La ciudad de Núremberg en el estado alemán de Baviera fue seleccionada como lugar para los juicios porque su Palacio de Justicia no sufrió daños durante la guerra e incluía una gran área de prisión.

Además, Nuremberg había sido el sitio de mítines anuales de propaganda nazi; celebrar allí los juicios de la posguerra marcó el final simbólico del gobierno de Hitler, el Tercer Reich.

El más conocido de los juicios de Núremberg fue el Juicio de los principales criminales de guerra, que se llevó a cabo del 20 de noviembre de 1945 al 1 de octubre de 1946. El formato del juicio fue una mezcla de tradiciones legales: hubo fiscales y abogados defensores, según los británicos y la ley estadounidense, pero las decisiones y sentencias fueron impuestas por un tribunal (panel de jueces) en lugar de un solo juez y un jurado.

El principal fiscal estadounidense fue Robert H. Jackson (1892-1954), juez asociado de la Corte Suprema de los Estados Unidos. Cada una de las cuatro potencias aliadas proporcionó dos jueces: un juez principal y un suplente. Veinticuatro personas fueron acusadas, junto con seis organizaciones nazis determinadas como criminales (como la "Gestapo" o la policía estatal secreta).

Uno de los hombres acusados fue considerado médicamente no apto para ser juzgado, mientras que un segundo hombre se suicidó antes de que comenzara el juicio. Hitler y dos de sus principales socios, Heinrich Himmler (1900-45) y Joseph Goebbels (1897-45), se suicidaron en la primavera de 1945 antes de que pudieran ser llevados a juicio.

· · ·

Se permitió a los acusados elegir a sus propios abogados, y la estrategia de defensa más común fue que los delitos definidos en la Carta de Londres fueran ejemplos de derecho ex post facto; es decir, eran leyes que tipificaban como delito las acciones cometidas antes de que se redactaran las leyes.

Otra defensa fue que el juicio era una forma de justicia del vencedor: los aliados estaban aplicando un estándar severo a los crímenes cometidos por alemanes e indulgencia a los crímenes cometidos por sus propios soldados.

Como los acusados y los jueces hablaban cuatro idiomas diferentes, el juicio vio la introducción de una innovación tecnológica que hoy se da por sentada: la traducción instantánea. IBM proporcionó la tecnología y reclutó a hombres y mujeres de centrales telefónicas internacionales para proporcionar traducciones en el lugar a través de auriculares en inglés, francés, alemán y ruso.

Al final, el tribunal internacional encontró culpables a todos menos a tres de los acusados. Doce fueron condenados a muerte, uno en rebeldía, y el resto recibió penas de prisión que iban desde 10 años hasta cadena perpetua tras las rejas.

Diez de los condenados fueron ejecutados en la horca el 16 de octubre de 1946. Hermann Göring (1893-1946), sucesor designado por Hitler y jefe de la "Luftwaffe" (fuerza aérea alemana), se suicidó la noche anterior a su ejecución con una cápsula de cianuro que había escondido en un frasco de medicamento para la piel.

• • •

Las sentencias de muerte impuestas en octubre de 1946 fueron ejecutadas por el sargento mayor John C. Woods (1903-50), quien le dijo a un reportero de la revista Time que estaba orgulloso de su trabajo: *"De la forma en que veo este trabajo de ahorcamiento, alguien tiene que hacerlo... 10 hombres en 103 minutos. Eso es un trabajo rápido".*

Después del juicio de los principales criminales de guerra, hubo 12 juicios adicionales en Nuremberg. Estos procedimientos, que duraron desde diciembre de 1946 hasta abril de 1949, se agrupan como los Procedimientos posteriores de Nuremberg. Se diferenciaron del primer juicio en que se llevaron a cabo ante tribunales militares estadounidenses en lugar del tribunal internacional que decidió el destino de los principales líderes nazis.

El motivo del cambio fue que las crecientes diferencias entre las cuatro potencias aliadas habían hecho imposible otros juicios conjuntos. Los juicios posteriores se llevaron a cabo en el mismo lugar, en el Palacio de Justicia de Nuremberg.

Estos procedimientos incluyeron el Juicio a los Médicos (9 de diciembre de 1946-20 de agosto de 1947), en el que 23 acusados fueron acusados de crímenes de lesa humanidad, incluidos experimentos médicos con prisioneros de guerra. En el juicio de los jueces (5 de marzo al 4 de diciembre de 1947), se acusó a 16 abogados y jueces de promover el plan nazi de pureza racial mediante la implementación de las leyes de eugenesia del Tercer Reich.

· · ·

Otros juicios posteriores se ocuparon de industriales alemanes acusados de utilizar mano de obra esclava y saquear los países ocupados; altos oficiales del ejército acusados de atrocidades contra prisioneros de guerra; y oficiales de las SS acusados de violencia contra los reclusos de los campos de concentración.

De las 185 personas acusadas en los juicios posteriores de Núremberg, 12 acusados recibieron sentencias de muerte, otros 8 fueron condenados a cadena perpetua y otras 77 personas recibieron penas de prisión de diversa duración, según el USHMM. Posteriormente, las autoridades redujeron varias de las sentencias.

Los juicios de Nuremberg fueron controvertidos incluso entre aquellos que querían castigar a los principales criminales. Harlan Stone (1872-1946), presidente del Tribunal Supremo de los EE.UU. en ese momento, describió el proceso como un "fraude mojigato" y una "fiesta de linchamiento de alto grado". William O. Douglas (1898-1980), entonces juez asociado de la Corte Suprema de los EE.UU., dijo que los Aliados "sustituyeron el poder por el principio" en Nuremberg.

No obstante, la mayoría de los observadores consideraron los juicios como un paso adelante para el establecimiento del derecho internacional. Los hallazgos en Nuremberg condujeron directamente a la Convención de Genocidio de las Naciones Unidas (1948) y la Declaración Universal de

Derechos Humanos (1948), así como a la Convención de Ginebra sobre las Leyes y Costumbres de la Guerra (1949).

Además, el Tribunal Militar Internacional proporcionó un precedente útil para los juicios de los criminales de guerra japoneses en Tokio (1946-48); el juicio de 1961 del líder nazi Adolf Eichmann (1906-62); y el establecimiento de tribunales para los crímenes de guerra cometidos en la ex Yugoslavia (1993) y en Ruanda (1994).

Conclusión

LAS HERIDAS DEL HOLOCAUSTO, conocidas en hebreo como Shoah o catástrofe, perduran hasta el día de hoy. Se habla de un total estimado de 11 millones de personas asesinadas: judíos, gitanos, homosexuales, y personas discapacitadas de todos los géneros y edades. Esta cifra se incrementaría hasta más de 35 millones de personas si se toman en cuenta los "daños colaterales": asesinatos de civiles.

A los sobrevivientes de los campos les resultó casi imposible regresar a casa, ya que en muchos casos habían perdido a sus familias y habían sido denunciados por sus vecinos no judíos.

Como resultado, a fines de la década de 1940, un número sin precedentes de refugiados, prisioneros de guerra y otras poblaciones desplazadas se reubicaron en Europa.

. . .

Fueron años de crueldad y falta de humanidad predominando en el mundo, ante los cuales no todas las víctimas recibieron justicia y muchos de los criminales permanecieron en impunidad; pero sus historias son cada vez más investigadas y escuchadas.

No debemos olvidar estas atrocidades, pues bien dicen que olvidar a las víctimas es asesinarlas dos veces. Reconocer los crímenes cometidos durante el Holocausto nos permite reflexionar sobre los eventos que llevaron a una de las mayores tragedias en la historia de la humanidad sistemáticamente impulsadas por el Estado, y trabajar para nunca más permitir brutalidades similares.

Referencias

Denzil, N. 2021. "Remembering the Wereth Massacre", *Discovering Belgium,* https://www.discoveringbelgium.com/wereth-massacre/

N.D. "German Military Participation in the Holocaust", *Holocaust Encyclopedia,* https://encyclopedia.ushmm.org/content/en/article/the-german-military-and-the-holocaust

N.A. 2021. "The Holocaust", *History,* https://www.history.com/topics/world-war-ii/the-holocaust

Perry, B. "Aktion T4, the Nazi euthanasia programme that killed 300,000", *History,* https://www.history.co.uk/article/aktion-t4-the-nazi-euthanasia-programme-that-killed-300000

Smith, K. 2020. "The Wormhoudt Massacre and the Royal Warwickshire Regiment", *Warwickshire Word,* https://www.warwickshireworld.com/news/people/the-wormhoudt-massacre-and-the-royal-warwickshire-regiment-2865211

N.A. 2015. "Persecution of Roma varied across east and south-east Europe", *Holocaust Memorial Day Trust,* https://

www.hmd.org.uk/news/persecution-roma-varied-across-east-and-south-east-europe/

N.A. 2021. "Lidice: The annihilation of a Czech town", *Holocaust Encyclopedia*, https://encyclopedia.ushmm.org/content/en/article/lidice

N.A. 2014. "Abbaye d'Ardenne", *Gouverment du Canada*, https://www.veterans.gc.ca/eng/remembrance/memorials/overseas/second-world-war/france/ardenne

N.A. 2021. "Justice after the 1944 Malmedy Massacre", *The National WWII Museum*, https://www.nationalww2museum.org/war/articles/justice-after-1944-malmedy-massacre

N.D. "Nazi War Crimes: Massacre at Gardelegen", *Jewish Virtual Library*, https://www.jewishvirtuallibrary.org/massacre-at-gardelegen-april-1945

N.D. "Oradour-Sur-Glane", *Holocaust Encyclopedia*, https://encyclopedia.ushmm.org/content/en/article/oradour-sur-glane

Balestrieri, S. 2021. "The bloodiest Nazi atrocity in Greece, the Kalavryta Massacre", *SOFREP*, https://sofrep.com/news/the-bloodiest-nazi-atrocity-in-greece-the-kalavryta-massacre-dec-13-1943/

Chrysopoulos, P. 2021. "Kalavryta, the bloodiest Nazi massacre in Greece", *Greek Reporter*, https://greekreporter.com/2021/12/13/kalavryta-the-bloodiest-nazi-massacre-in-greece/

Sal. 2021. "When the Nazis massacred 149 innocent villagers of Khatyn", *Medium*, https://medium.com/lessons-from-history/when-the-nazis-massacred-149-innocent-villagers-of-khatyn-3f4b9a5b528b

Norman, A. 2016. "The bitch of Buchenwald: The story of Ilse Koch", *All That's Interesting*, https://allthatsinteresting.com/ilse-koch/3

N.D. "Rudolph Spanner", https://www.wikiwand.com/en/Rudolf_Spanner

N.D. "Nacht und Nebel", https://military-history.fandom.com/wiki/Nacht_und_Nebel

N.A. 2010. "The Nuremberg Trials", *History*, A https://www.history.com/topics/world-war-ii/nuremberg-trials

www.ingramcontent.com/pod-product-compliance
Lightning Source LLC
Chambersburg PA
CBHW071848070526
44583CB00016B/1598